2022年江苏省研究生科研与
新时代礼育研

# 新时代大学生礼仪教育研究

汤媛

著

九州出版社
JIUZHOUPRESS

**图书在版编目（CIP）数据**

新时代大学生礼仪教育研究 / 汤媛著. -- 北京 ：
九州出版社，2025. 1. -- ISBN 978-7-5225-3512-8

Ⅰ. G645.5

中国国家版本馆CIP数据核字第2025T1J860号

新时代大学生礼仪教育研究

| | | |
|---|---|---|
| 作　　者 | 汤　媛　著 | |
| 责任编辑 | 赵晓彤 | |
| 出版发行 | 九州出版社 | |
| 地　　址 | 北京市西城区阜外大街甲 35 号（100037） | |
| 发行电话 | (010)68992190/3/5/6 | |
| 网　　址 | www.jiuzhoupress.com | |
| 印　　刷 | 北京星阳艺彩印刷技术有限公司 | |
| 开　　本 | 880 毫米 ×1230 毫米　32 开 | |
| 印　　张 | 7 | |
| 字　　数 | 170 千字 | |
| 版　　次 | 2025 年 4 月第 1 版 | |
| 印　　次 | 2025 年 4 月第 1 次印刷 | |
| 书　　号 | ISBN 978-7-5225-3512-8 | |
| 定　　价 | 68.00 元 | |

# 前　言

　　礼仪教育是传承中华美德、彰显中国气质的重要途径，新时代应进一步弘扬中华优秀传统礼仪文化，架构起历史与现实的文化桥梁，建构起传统与现代的文化联系。大学生作为社会主义事业的建设者和接班人，作为追梦人和圆梦人，他们的礼仪修养不仅反映了年轻一代的综合素质，更是中华民族深厚文化底蕴的展现。因此，在新时代的背景下，开展大学生礼仪教育研究十分必要，关乎大学生正确三观的形成，事关中华礼仪文化的延续，涉及社会之发展和民族之未来。

　　本书以大学生为研究对象，主要采取线上和线下相结合的调查方式收集资料，把握当前大学生礼仪教育的现状。当前很多大学生对礼仪有一定的了解，表现出以下的积极面：其一，大学生对礼仪教育的认可度不断提高；其二，大学生对礼仪具备一定的认知和了解；其三，大学生比较注重自身的礼仪素养。但与此同时，大学生礼仪教育也存在着个别消极面：其一，大学生礼仪知识与礼仪实践脱轨；其二，大学生内在道德与礼仪行为分离；其三，大学生现实有礼与虚拟失礼并存。

　　本书在把握大学生礼仪教育现状的基础上，对大学生礼仪教育存在问题的原因进行了分析和总结，并提出相应的优化路径。首先，重构家庭礼仪教育，阐明礼仪现实意义。其次，强化高校礼仪教育，发掘礼仪教化功能。再次，推进社会礼仪教育，优化礼仪传播环境。从次，规范网络礼仪教育，拓展礼仪展演场域。最后，深化自我礼仪教育，提升主体礼仪涵养。从家庭、高校、社会、网络和大学生自身五个维度出发，通过合力作用共同创造良好的环境、营造尚礼的氛围，为进一步提高大学生礼仪素质、道德修养而不懈努力。

综上，探究大学生礼仪教育的优化路径，既要立足当前大学生的现实情况，也要结合时代发展的特征，充分利用文化资源，把具有民族性、现代性的礼仪文化传承下去。如此，大学生礼仪素养才能得到提升和完善，中华礼仪文化才能赓续不断、薪火相传。

# 目　录

# 第一章 绪 论

## 第一节 研究缘起及研究意义

### 一、研究缘起

本研究的选题源于理论和实践的双重需要。礼仪教育是以礼仪文化为核心内容开展的教育实践活动，需要在理论和实践两个维度激活和延续礼仪文化的生命力。一方面，从理论角度看，礼仪文化是文明演绎中中华儿女集体选择并创建的稳定文化模式，以敬和仁为主核，是规约全体社会成员的行为法则和道德伦理[①]。于独立个体而言，礼仪文化对人的外在言行举止和内在道德情感起到一定的规范和调控作用；于社会集体而言，礼仪文化是协调群体关系、构建良好秩序、建设和谐社会的润滑剂；于国家整体而言，礼仪文化作为中华传统文化的重要组成部分，既是中华民族延续千年的文化基因，也是中华民族的文明表征、人类文明的见证，具有悠久深厚的历史文化底蕴，有力推动了国家内部文化繁荣发展和外部文化交流互鉴。另一方面，从实践维度看，礼仪教育是一项极具实践性和操作性的教育活动，只有在具体的实践操练中才能让礼仪文化得到展现和深化。礼仪教育既规范个体在日常生活中的行为举止，又帮助

---

① 傅琼，汤媛.礼仪文化与公共秩序的建构［J］.长白学刊，2020（1）：143-149.

建立群体间的良好交往关系。有些礼仪形式更上升到国家维度，通过国家制定的政策进一步规范和落实，加强人们对礼仪文化的认知和理解，通过集体参与强化对礼仪文化的认同感和自豪感，进一步增强归属感。

习近平总书记在不同场合多次强调发扬中华优秀传统文化的重要性，提出要"大力加强社会公德、职业道德、家庭美德、个人品德建设，营造全社会崇德向善的浓厚氛围"①。在全国宣传思想工作会议、全国教育大会和全国思想政治理论课教师座谈会上多次强调"立德树人"的重要性；中共中央、国务院印发的《新时代公民道德建设实施纲要》指出："把立德树人贯穿学校教育全过程……充分发挥礼仪礼节的教化作用。礼仪礼节是道德素养的体现，也是道德实践的载体。"②中共十九届四中全会指出："坚持共同的理想信念、价值理念、道德观念，弘扬中华优秀传统文化、革命文化、社会主义先进文化。"③中共十九届五中全会提出"十四五"时期经济社会发展主要目标，其中关涉社会文明和文化发展的是"社会文明程度得到新提高，社会主义核心价值观深入人心，人民思想道德素质、科学文化素质和身心健康素质明显提高"④。党的二十大报告强调要"推进文化自信自强，铸就社会主义文化新辉煌"⑤，同时对青年也提出了殷切期望，希望"广大青年要坚定不移听党话、跟党走，怀抱梦想又脚踏实地，敢想敢为又善作善成，立志做有理想、敢担当、能吃苦、肯奋斗的新时代好青年"⑥。从国家的相关文件中可以看出，

① 习近平.习近平谈治国理政：第 2 卷［M］.北京：外文出版社，2017：324.

② 中共中央国务院.新时代公民道德建设实施纲要［N］.人民日报，2019-10-28（1）.

③ 《党的十九届四中全会〈决定〉学习辅导百问》编写组.党的十九届四中全会《决定》学习辅导百问［M］.北京：学习出版社，2019：3.

④ 中共十九届五中全会在京举行［N］.人民日报，2020-10-30（1）.

⑤ 习近平.高举中国特色社会主义伟大旗帜为全面建设社会主义现代化国家而团结奋斗：在中国共产党第二十次全国代表大会上的报告［M］.北京：人民出版社，2022：42.

⑥ 习近平.高举中国特色社会主义伟大旗帜为全面建设社会主义现代化国家而团结奋斗：在中国共产党第二十次全国代表大会上的报告［M］.北京：人民出版社，2022：71.

文件内容和要求所指向的主体既有全体民众，又有以大学生为主的青年学生；所关涉的领域广泛，包括礼仪礼节、道德修养、社会文明、社会主义核心价值观、文化自信自强等内容。本研究以大学生为对象开展礼仪教育，把"培养担当民族复兴大任的时代新人""立德树人"、弘扬礼仪文化、提升道德修养的教育目标进一步细化，在礼仪教育的过程中，自觉以中华优秀传统礼仪文化为指导，加强理论与实践的统合，从而全面提升大学生的综合素养。

从现实情况来看，大学生礼仪教育是教育的重要组成部分，但它的作用、功能等逐渐被忽视、被代替，甚至出现了边缘化倾向。因而亟须对大学生礼仪教育展开研究，正视礼仪教育的重要功能和积极作用，因为礼仪不仅是个人素养的展现，更是衡量一个社会、一个国家文明程度的重要标志。中国历史悠久，文化博大精深，对于"适合于调理社会关系和鼓励人们向上向善的内容，我们要结合时代条件加以继承和发扬，赋予其新的涵义"[①]。大学生作为国家的未来和希望，自身的文明礼仪素养标志着国家文明进步的方向。大学阶段是形成正确的世界观、人生观、价值观的关键时期，社会的文明程度与他们这一代身上所体现的礼仪素质和道德修养有着直接的关系。然而，由于社会上不良风气的影响和侵袭，不少大学生缺乏明辨是非的能力，缺失作为社会个体的基本素质和德行，部分大学生出现一些与礼仪相悖的不文明行为，与道德相左的不成熟思想。故而在现代化进程中，要紧跟时代步伐，加强大学生礼仪教育。此种教育实践活动不仅对大学生个人的健康成长和未来发展意义重大，更能提升整体国民素养，营造良好社会风气。因此，把握大学生礼仪教育的现状，分析问题的原因并提出建构路径，不仅是提升大学生礼仪素养和道德品质的需要，更是社会文明发展的迫切要求。

综合而言，大学生礼仪教育是教育工作的重要任务，加强和重

---

① 习近平. 在纪念孔子诞辰 2565 周年国际学术研讨会暨国际儒学联合会第五届会员大会开幕会上的讲话 [N]. 人民日报，2014-09-25（2）.

视大学生礼仪教育是理论和实践的切实需要，也是对国家所关心的大学生教育问题的积极回应。中华优秀传统文化对大学生礼仪教育具有重要意义，是开展大学生礼仪教育的宝贵文化资源。因而在进行大学生礼仪教育的研究时，需要从中华优秀传统文化中寻觅有益因子，对礼仪文化进行现代转化和时代弘扬，以彰显礼仪文化强大的生命力，进一步提高大学生的礼仪素养和道德修养。

## 二、研究意义

本研究致力于改善新时代语境下大学生礼仪教育的现实状况，从而切实提高大学生的礼仪素养和道德修养，对于以立德树人为宗旨的高校教育具有重要意义。一方面，契合了当前注重青年教育的时代主题，为社会主义文化强国建设和中国式现代化发展输送良才；另一方面，进一步传播和弘扬了中华优秀传统文化，凸显了礼仪文化对个体成长、社会安定、国家发展的重要性，彰显了中华优秀传统文化强大的教育价值。这是新时代大学生礼仪教育研究理论和实践双重意义的体现。

### （一）理论意义

第一，深化新时代大学生礼仪教育的理论研究。夯实大学生礼仪教育的理论基础，有助于构建大学生文明礼仪的理论体系，有利于推动高校文明礼仪教育的科学化、系统化发展。将中华优秀传统文化、马克思主义伦理学纳入高校大学生礼仪教育中，促进高校文明礼仪和道德教育的与时俱进。

第二，有助于强化大学生明礼、行礼的意识。大学生礼仪教育是高校教育的主要内容，是社会主义精神文明建设的重要组成部分。培养具有礼仪素养和道德修养的当代大学生，是社会主义精神文明建设的基本要求，是高校思想政治教育工作的目标之一。开展大学生礼仪教育对于丰富思想政治教育内容具有重要促进作用。

第三，进一步完善大学生思想政治教育的理论体系。通过向大学生灌输文明礼仪理念、传播中华美德，在实际教学中把握教育主体、教育客体、教育目的、教育方法等主要矛盾，结合家庭、高校、社会"三位一体"的教育场域，从多方面入手强化大学生知礼善用的意识，推动知行合一，使大学生能够在和谐、美好的校园文化氛围中形成正确的礼仪认知，进行恰当的礼仪实践。

## （二）实践意义

第一，把握当前大学生礼仪教育现状，进一步促进大学生对中华优秀传统礼仪文化的传承和弘扬。提升大学生的礼仪素养不仅能促进大学生思想观念和外在行为的双重和谐，培育大学生知礼懂礼、明礼行礼的意识，更有助于弘扬中华优秀传统文化和传统美德，形成符合社会文明和时代发展的礼仪规范和准则。

第二，纠正大学生不文明、不恰当的行为，进一步提升其礼仪素养，增强大学生步入现代化社会的适应力。"行为是一个人思想品德的外在表现和综合反映，是衡量一个人思想品德高下的重要标志。"[①] 外在行为展现了内在品质，大学阶段是大学生形成良好礼仪品质、接受正确教育的重要时期。在人际交往活动中注重礼貌，在礼仪实践中展现品德，是大学生适应校园之外全新生活环境的需要，也是建立良好人际关系、逐步社会化的现实需求。

第三，在改善当前大学生礼仪教育现状的同时，进一步完善高校的德育体系，丰富大学生思想政治教育的课程内容。大学生作为教育客体，所接受的教育内容对其成长、成才，做人、做事非常重要。在调查过程中，将积极的教育内容及时补充到德育的教学中，丰富并完善高校的德育体系。

---

① 陈万柏，张耀灿.思想政治教育学原理：第3版［M］.北京：高等教育出版社，2015：12.

# 第二节　国内外研究综述

尊重公序良俗、探索传统习俗、塑造文明礼仪，不断提高思想觉悟，做到明大德、守公德、严私德，培育富有中国特色的家国情怀，是当代大学生肩负的重任，也是高校人才培养的重要目标。大学生承载着家庭、高校和社会寄予的众望，大学生礼仪教育是高校教育的重要组成部分，对其展开研究具有重要意义。通过对当前礼仪教育研究的文献进行梳理归纳和可视化分析，宏观把握目前的研究现状，以期为后续的研究提供参照和借鉴。

## 一、国内研究综述

### （一）礼仪教育研究的基本概况

礼仪教育研究的基本概况主要从方法描述、发文量、发文期刊、发文机构等维度呈现。对其进行计量分析，可以从总体上把握礼仪教育的研究全貌。

#### 1. 数据来源与研究方法

本研究运用 CiteSpace 软件对中国知网上现有的文献资料进行计量分析，在进行国内文献综述的方法上有所创新，区别于传统的理论描述和阐释，通过数据、图表、图谱直观地展现当前国内关于礼仪教育的研究现状。以中国知网（CNKI）数据库为检索库，在学术期刊中以"礼仪教育"为篇名进行检索，期刊来源类别和时间跨度未作设定，检索时间为 2024 年 5 月 15 日，共检索到 1437 条文献。为了保证文献的准确性，经过人工逐条筛选文献数据，剔除了书评、稿约、导语、序言、侧记、献辞、会议、论坛综述等一些相关度不

高和作者、单位等信息不全的文献后，最终选取 1419 篇有效文献以
"Refworks"形式导出，作为本研究文献计量分析的数据来源。

CiteSpace 是运用 Java 语言开发的一款引文可视化软件，通过可
视化手段来呈现科学知识的结构、规律和分布情况，并挖掘引文空
间的知识聚类和分布①，为学界各领域的科学研究提供了一种全新的
文献分析工具。本研究借助 CiteSpace，v.6.3.R1（64-bit）分析工具
对中国知网自 1991 年以来围绕礼仪教育研究的相关文献进行处理和
分析，以客观的数据展示和图谱分析精准把握当前礼仪教育的研究
现状。

### 2. 年度发文量统计

年度发文量是衡量研究议题热度以及学界对此议题关注度的重
要标志，具有一定方向性和引领性。为了直观展现礼仪教育研究的
热度和关注度，通过对数据的整理和统计，绘制了礼仪教育研究的
年度发文量图，如图 1-1 所示。

下图直观反映了礼仪教育领域的研究现状，揭示其发展的整体
趋势。从 1991 年开始，围绕礼仪教育进行的研究逐年增多，发文量
总体呈上升趋势，于 2011 年达到了所考察年份区间（1991—2024 年）
的顶峰（因检索日期是 2024 年 5 月 15 日，故 2024 年的文献数量不全）。
2011 年之后，发文量有所下降，但总体上与 2003 年至 2011 年差不多，
且高于 1991 年至 2002 年的发文量。

从折线图的拐点可以清晰地看到，礼仪教育研究文献数量的变
动趋势，与特殊时间节点和相关文件的颁发紧密相关。比如，2002
年的文献数量达到了第一个小高峰。2001 年 9 月 20 日，中共中央
印发实施了《公民道德建设实施纲要》文件，文件中提到"运用多
种形式和手段，大力宣传基本道德知识、道德规范和必要礼仪""开
展必要的礼仪、礼节、礼貌活动，对规范人们的言行举止，有着重

---

① 李杰，陈超美 .CiteSpace：科技文本挖掘及可视化［M］.北京：首都经济贸易大学出版
社，2016：2-3.

要的作用。要提倡在重要场所和重大活动中升国旗、唱国歌，开展入队、入团、入党宣誓、成人仪式以及各种形式的重礼节、讲礼貌、告别不文明言行等活动，引导公民增强礼仪、礼节、礼貌意识，不断提高自身道德修养"①。由此引发了学者们对礼仪教育的关注和重视。再如 2006 年发文量 53 篇，相比前几年有了较大增幅，且之后年份的发文量逐年增加。2006 年 10 月，党的十六届六中全会通过《关于构建社会主义和谐社会若干重大问题的决定》，提出了 2020 年构建社会主义和谐社会的美好目标，对当前和今后一个时期的目标任务、工作原则等进行了全面部署。还如 2011 年发文 115 篇，达到了最高峰。2010 年 12 月 30 日，教育部以教基一〔2010〕7 号印发《中小学文明礼仪教育指导纲要》，《纲要》的指导思想提出"中小学开展文明礼仪教育，要深入贯彻落实科学发展观，切实把社会主义核心价值体系融入学校教育全过程，弘扬中华民族优秀传统美德和社会主义道德，吸收借鉴世界有益文明成果，遵循中小学教育教学规律和学生身心发展规律，全面提高青少年学生的思想道德素质和文明礼仪素养，为他们文明生活、幸福成长奠定基础"②。因此，2011 年学界尤其重视中小学文明礼仪教育，发文量达到了 33 年来的最高值。

---

① 中共中央公民道德建设实施纲要［N］.新华每日电讯，2001-10-25（1）.
② 程晗.《中小学文明礼仪教育指导纲要》解读［J］.中小学德育，2011（3）：17-21.

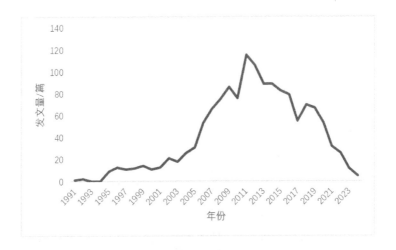

图 1-1 礼仪教育研究年度发文量图

### 3. 主要发文期刊统计

刊发期刊的分布情况不仅反映了期刊的学术倾向及各领域的发展趋势，更是期刊学术水平和学术观点的综合体现。对礼仪教育研究的主要发文期刊进行统计分析，既能直观了解主要发文期刊情况，也能从总体上把握学科分布情况。经统计，从 1991 年到 2024 年这 33 年间，在中国知网上刊发的 1419 篇期刊论文中，发文超过 10 篇的期刊共有 15 家，共计发文 312 篇（见表 1-1）。其中发文篇数排名前三的期刊分别是《现代职业教育》《职业》和《教育教学论坛》，发文篇数都在 30 篇以上，发文总量占据了 15 家主要发文期刊总量的 33.01%，这说明形成了以《现代职业教育》《职业》和《教育教学论坛》为首的具有重要影响力的核心期刊群。核心期刊是呈现学术成果和学术创新的重要载体，为学者们提供了重要的交流平台，同时也是进行学术评价的重要指标之一。

表 1-1 礼仪教育研究刊发期刊发文量统计

| 序号 | 期刊名称 | 发文量 |
|---|---|---|
| 1 | 现代职业教育 | 37 |
| 2 | 职业 | 33 |
| 3 | 教育教学论坛 | 33 |
| 4 | 才智 | 27 |
| 5 | 中国德育 | 23 |
| 6 | 亚太教育 | 20 |
| 7 | 科教文汇 | 19 |
| 8 | 教学与管理 | 18 |
| 9 | 现代交际 | 18 |
| 10 | 科学咨询（教育科研） | 17 |
| 11 | 教育与职业 | 16 |
| 12 | 旅游纵览（下半月） | 14 |
| 13 | 科技信息 | 13 |
| 14 | 科学大众（科学教育） | 12 |
| 15 | 卫生职业教育 | 12 |

**4. 主要发文作者统计与合作情况**

发文作者、作者发文量以及彼此间的合作关系是衡量一个研究领域科研力量的重要指标。对核心作者的统计分析，既考察作者的科研能力，同时也反映了礼仪教育研究的现状和进程。发文超过 3 篇的作者共有 11 位（见表 1-2），其中发文数量最多的学者是张秉福，最早发文时间是 2005 年。作者之间仅形成了为数不多的合作网络，如赵海定、吕朝辉、田鹤玉、朱燃、魏德山以及李树清、甘玲、薛德合等作者，大多数学者处于独立研究的状态，与其他作者的合作较少。由此说明除少数作者之间存在合作以外，绝大部分作者之间缺乏深度的交流，尚未建立起长期、稳定、良好的合作关系。

表 1-2 礼仪教育研究主要发文作者及发文量

| 序号 | 作者 | 发文量 |
|------|------|--------|
| 1 | 张秉福 | 6 |
| 2 | 叶海芹 | 5 |
| 3 | 李霞 | 4 |
| 4 | 杨凤娟 | 4 |
| 5 | 张丽娜 | 4 |
| 6 | 朱燕 | 3 |
| 7 | 罗晓林 | 3 |
| 8 | 刘惠洲 | 3 |
| 9 | 刘永希 | 3 |
| 10 | 费杉杉 | 3 |
| 11 | 朱红华 | 3 |

**5. 主要发文机构统计与合作情况**

发文机构是研究者的所属单位，为研究者进行学术研究提供了重要的平台支撑。从表 1-3 中数据可以看出发文篇数在 3 篇以上的机构共有 8 家，这些机构是礼仪教育研究的重要力量。从发文机构来看，高职高专类机构占比较大，这也反映了这些机构更加注重对学生开展礼仪教育。机构之间存在合作的情况，彼此间的合作既有内部合作，也有外部合作，且合作机构的地域分布比较分散。但总体上各机构之间的合作关系较为薄弱，大部分发文机构还处于单一研究的状态，缺乏与高校内部、外部深入而紧密的交流和合作。

表 1-3 礼仪教育研究主要发文机构及发文量

| 序号 | 发文机构 | 发文量 |
|---|---|---|
| 1 | 山东科技大学文法系 | 4 |
| 2 | 湖南女子学院 | 4 |
| 3 | 甘肃建筑职业技术学院 | 3 |
| 4 | 承德技师学院 | 3 |
| 5 | 渤海船舶职业学院 | 3 |
| 6 | 成都市武侯区永丰中心小学 | 3 |
| 7 | 承德工业学校 | 3 |
| 8 | 江苏省启东中等专业学校 | 3 |

## （二）礼仪教育研究的知识图谱

通过可视化分析得到礼仪教育研究的相关知识图谱，通过这些图谱可以直观、准确把握当前礼仪教育的热点主题，科学预测未来研究的走向和趋势。

### 1. 文献关键词共现分析

关键词综合反映了文献的核心主题，是一篇文献学术思想的总结和凝练。通过统计同一关键词出现的频次可以把握礼仪教育研究领域的热词，进而发现该领域的热门主题。"共词分析是一种有效的分析方法，它通过分析文本中相应术语共同出现的形式，按照相关程度将某一学科内所统计的文献进行分类，并探寻相互间的关系。"[①] 运用 CiteSpace 工具绘制礼仪教育研究文献的关键词共现图谱，进而识别礼仪教育研究领域内的热点主题。"在关键词共现图谱中，中心性是反映某一关键词和其他关键词连接紧密程度的数值指标，中心性高低体现关键词在整个共现网络的重要性，中心性越高，说

---

① 上官莉娜，黄强. 比较思想政治教育研究 20 年回溯及展望——基于 4 本期刊 CiteSpace 的共词分析 [J]. 思想教育研究，2016（1）：16-20.

明其在整合研究中的中介性作用愈突出。"① 在礼仪教育研究领域，除了礼仪教育（1.2）关键词以外，大学生（0.2）、礼仪（0.18）、教育（0.17）等关键词的中心性均大于0.1，说明这些主题词在礼仪教育研究中占有重要地位。

表1-4 礼仪教育研究关键词中心性

| 序号 | 关键词 | 中心性 |
|------|--------|--------|
| 1 | 礼仪教育 | 1.2 |
| 2 | 大学生 | 0.2 |
| 3 | 礼仪 | 0.18 |
| 4 | 教育 | 0.17 |
| 5 | 高校 | 0.08 |
| 6 | 素质教育 | 0.06 |
| 7 | 幼儿园 | 0.05 |
| 8 | 对策 | 0.05 |

### 2. 文献关键词聚类分析

"聚类分析可以根据数据的特点、规律等对人、物及多种影响因素进行多元统计，把联系密切的关键词聚集在一起形成类团。"② 在礼仪教育研究的关键词共现图谱的基础上，通过对文献数据关键词的进一步归类分析，把握关键词之间的内在逻辑性。通过聚类形成了许多类团，取前八个类团进行归纳分析。关于礼仪教育的研究主要可以分为三大类，第一类是围绕礼仪教育直接展开的研究，第二类是对具体礼仪教育的研究，第三类则是礼仪教育的拓展研究。

---

① 郭昭，郝保权.党的建设的研究脉络及趋势展望——基于知识图谱下Citespace的可视化分析［J］.西南民族大学学报（人文社会科学版），2022（2）：226-234.
② 郭砚博，郭昭，蒲瑶，周凯，叶恒语."中华民族共同体意识"知识图谱分析［J］.科学决策，2021（06）：137-156.

表1-5 礼仪教育研究关键词聚类信息

| 类团 | 关键词 |
|---|---|
| 1 | 礼仪教育：教学改革、和谐校园、儿童、实践教学等 |
| 2 | 大学生：传统文化、护理礼仪、启示、大学语文等 |
| 3 | 礼仪：必要性、人际关系、医学生、教学、传统礼仪等 |
| 4 | 教育：重要性、作用、礼貌、影响、公关礼仪等 |
| 5 | 高校：道德教育、意义、对策、实施策略、方法等 |
| 6 | 德育：小学生、中小学、儿童礼仪、和谐社会、实践性等 |
| 7 | 高职院校：师范生、职业礼仪、教师、礼仪修养等 |
| 8 | 素质教育：现状、途径、职业教育、关系等 |

第一类是关于礼仪教育的研究。礼仪教育的研究对象广泛，逐渐形成了以幼儿园学生、小学生、中学生和大学生为主要对象的礼仪教育体系，同时幼儿园、中小学、高职院校、大学等也更加重视对学生的礼仪教育。在本研究中主要分析大学生礼仪教育，当前围绕礼仪教育的研究主要有两种模式：第一种模式是阐释礼仪教育的内涵、作用、价值等。路琴分析了传统礼仪教育的现代价值，提出传统礼仪教育在功能、内容、方式等方面的特征对当今构建和谐社会具有重要的借鉴价值，主要表现在四个方面：礼教之用：序化之良策，不仅是维护社会规范和统治秩序的政治准绳，更是人们言行的道德标准；礼教之基：蒙以养正，注重从小对子女的礼仪教育；礼教之效：润物细无声，古代礼教多采用示范、灌输、劝阻等教育方式，将道德礼仪的大部分内容寓于日常生活之中，通过潜移默化的熏陶，让礼仪的价值精神在人们心中根深蒂固；礼教之本：修身践行，通过切磋践行、修身养性、内省自律等方式塑造理想人格和培养高尚品德①。李树青、国金平从个体和社会两个角度论述了礼仪

---

① 路琴.礼仪教育的传统意蕴及其现代价值［J］.闽江学院学报，2009（4）：74-79.

教育的功能。一方面，礼仪教育具有完善个体的功能，表现在塑造个体人格、约束规范行为、引导道德方向上；另一方面，礼仪教育具有社会发展功能，表现在协调人际关系、提高道德素养、传播精神文明、构建和谐社会上①。梁巍、刘毅以宋代蒙学阶段的礼仪教育为切入点，分析其历史渊源及内涵，凸显其特征以及对后世教育思想、教育内容、教育方法的借鉴作用，如适当的年龄开展礼仪教育，礼仪教育的生活化、日常化，重视儿童的兴趣，注重教材编写，提高教育者的素质、重视家庭教育等②。

此外，除了探究礼仪教育自身的积极作用以外，有学者还关注到礼仪教育在大学教育中以及对大学生的重要作用。李凯旋指出在大学教育中落实礼仪教育具有重要意义，具体体现在弘扬中华美德的需要、对学生素质的根本要求、对学生心理起到调适作用、实现高等教育目标的有效途径、促使学生更好地走向社会等方面③。曹瑛认为礼仪教育是思想道德教育理论联系实际的有效途径，是大学生继承和发扬中华优秀传统文化的一条重要渠道，同时也是提高当代大学生综合素质的一门必修的基础课程。它对大学生的作用体现在多个方面，是大学生健康成长的内在需要，有利于提高大学生的道德自觉意识和自我约束能力，有利于培养大学生优雅的气质和优美的仪表，有利于塑造大学生完善独立的人格和全面发展的优良个性等④。林丽楠指出，礼仪教育是一种新型化的德育方式，在倡导学校德育"回归生活世界"的过程中，礼仪教育不失为完善大学生道德意识的良好途径。它有利于促进大学生与他人建立良好的人际关系，

---

① 李树青，国金平.礼仪教育的地位及其作用［J］.中学政治教学参考，2012（9）：73-75.
② 梁巍，刘毅.宋代蒙学阶段礼仪教育的现代特征及其意义［J］.大众文艺（理论），2009（6）：160-161.
③ 李凯旋.礼仪教育在大学教育的意义与实践［J］.智库时代，2019（52）：98-99.
④ 曹瑛.礼仪教育在大学生思想道德教育中的地位和作用［J］.湖南商学院学报，2007（1）：123-125.

能加快大学生社会化的进程，在丰富德育领域的同时，促进大学生道德意识的建立与完善，从而促进大学校园的和谐发展[①]。

第二种模式是从礼仪教育的现状或问题入手，分析其原因或影响因素，并提出相应的对策、措施和路径。当前以"发现问题—分析问题—解决问题"的思路展开礼仪教育研究的居多，也有学者直接对礼仪教育的路径或策略进行了思考。大部分学者通过理论和实证分析，对当前大学生礼仪教育的现状或问题进行了分析，在此基础上剖析原因，并提出相应的对策。穆廷云从分析当代大学生礼仪现状，进而分析礼仪教育现状，指出当前礼仪教育重视程度不够、礼仪课程开设松散、专业师资缺乏等问题，并从大学生礼仪教育内容与形式两个方面进行了深入思考[②]。陆文泽、王静通过实证调查发现，大学生存在对礼仪文化实际运用程度不高、接受礼仪教育途径不够丰富、加强礼仪修养的自觉程度不高等问题，提出开设礼仪课程、开展礼仪活动、开展社会实践活动、发挥自我教育功能、明确舆论导向等措施[③]。田静萍、窦存增通过问卷调查，把大学生礼仪教育的负面现象概括为仪表仪态有失文雅、缺乏谦敬意识和公德意识、对传统礼仪文化缺乏了解等，并提出重视中华传统的民族礼仪文化、高校开设礼仪必修课程、发挥教师的礼仪榜样作用、开展知恩感恩活动等建议[④]。李瑜认为新时期大学生礼仪教育存在着家庭礼仪教育缺失、礼仪教育内容不全面、大学生价值观取向异化等问题，提出开设礼仪教育课程、开展礼仪教学实践活动和营造良好的礼仪教育

① 林丽楠.礼仪教育及其对大学生道德意识的完善[J].教育理论与实践，2012（33）：39-40.

② 穆廷云.对当代大学生礼仪教育现状的分析与思考[J].边疆经济与文化，2009（8）：115-116.

③ 陆文泽，王静.大学生礼仪教育的现状及对策研究[J].卫生职业教育，2009（8）：15-16.

④ 田静萍，窦存增.关于当代大学生礼仪教育的调查与思考[J].和田师范专科学校学报，2010（4）：56-57.

氛围等应对策略[①]。

有学者对大学生礼仪教育的路径、策略、对策进行了直接探讨。伦丽青认为礼仪教育是社会主义精神文明教育体系中最基础的内容，提出从加强课程建设，普及礼仪教育和举办校园活动，开展礼仪实践两个大的方面推动大学生礼仪教育，让大学生把内在道德品质和外在礼仪形式有机统一起来，成为有较高道德素质的现代文明人[②]。马学敏从倡导多读经典，扎实礼仪文化根基；加强礼仪文化宣教，营造学礼氛围；创新礼仪教育课程，提升授课质量；发挥教师表率作用，形成礼仪示范效应；构建校园礼仪环境，发挥育人功能等五个方面提出高校开展礼仪教育的有效路径[③]。竭红云从学校教育角度出发，提出要发挥课堂主渠道、重视职业礼仪课程设置、结合实际深挖教学资源、开展礼仪实践活动、在教学工作中融入多媒体技术等新路径，进一步强化大学生的礼仪训练，提高大学生的综合素质[④]。文智辉在分析礼仪教育以礼育德、以礼辅智、以礼化美、以礼怡心、以礼立规等功能的基础上，进一步阐释其生活化、针对性、整合性、协同性等基本原则，并提出在行动上应完善课程体系，营造浓厚氛围，坚持榜样示范，强化礼仪实践[⑤]。陈婉兰认为大学生礼仪教育是一种"向善"的情感存在方式、一种"向好"的情感认知方式、一种"向上"的情感生活态度。从构建大学生礼仪教育加强的机制体制、创新大学生礼仪教育加强的有效载体及表现形式、营造和优化大学生礼仪教育的校园文化环境和舆论氛围等方面提出了

---

① 李瑜. 新时期大学生礼仪教育存在的问题及应对策略探究 [J]. 教育现代化, 2019 (29)：49-50.

② 伦丽青. 开展大学生礼仪教育的有效途径 [J]. 东莞理工学院学报, 2012 (2)：125-128.

③ 马学敏. 大学生礼仪教育路径探讨 [J]. 唐山学院学报, 2013 (1)：103-105.

④ 竭红云. 大学生礼仪教育新路径 [J]. 河北大学学报 (哲学社会科学版), 2015 (6)：154-156.

⑤ 文智辉. 大学生礼仪教育的功能认知、实施原则与行动路径 [J]. 湖南广播电视大学学报, 2019 (4)：85-91.

加强对策<sup>①</sup>。

第二类是关于具体礼仪教育的研究。第一，体育礼仪教育研究。这类研究的学院主要聚焦于体育学院，从体育学的角度探究体育礼仪教育的重要作用。曹书芳、李霞从重视体育礼仪的内涵建设，丰富体育礼仪教育内容；创新体育礼仪的教育形式和方法；提高体育教师综合素养；发挥新媒体的作用，大力宣传体育礼仪等方面提出体育礼仪教育融入思政教育的具体路径<sup>②</sup>。于君提出高校体育礼仪是高校教育的一项重要内容，是高校体育与礼仪融合的衍生物，对高校学生参与体育活动的仪容仪表、穿着以及言谈行为等进行标准规定，具有规范体育活动、约束和培养学生的作用，可以有效提升高校学生的综合素养<sup>③</sup>。张兴玲提出高校体育礼仪教育的功能在于有效提高大学生的道德素质，增进相互之间的友谊和交流，构建和谐校园<sup>④</sup>。

第二，护理礼仪教育研究。这类研究的机构主要聚焦于医药学校和护理学院，教育对象主要是护生。一方面是对护理礼仪教育的初步探索。邹超、谭笑、吕建芳、宋学贞认为护理礼仪是护理职业形象的重要组成部分，是护士综合素质的反映。开设此课程旨在实现"传授知识，培养能力和提高素质为一体"的教学目标<sup>⑤</sup>。胡敏从目的、方法、结果、结论四个方面阐述了护理礼仪教育，指出护理礼仪教育是护生的必修课，通过开设课程、培训、讲座等方法，切实提高护生的综合素质，从而建立良好的医护关系、提高患者满意

① 陈婉兰.论大学生礼仪教育的当代价值与提升对策[J].科教文汇（中旬刊），2021（29）：41-44.

② 曹书芳，李霞.体育礼仪教育融入思政教育的路径研究[J].浙江工贸职业技术学院学报，2021（1）：39-42.

③ 于君.高校体育礼仪教育初探[J].中国多媒体与网络教学学报（中旬刊），2020（11）：211-213.

④ 张兴玲.高校体育礼仪教育的功能及其实施途径[J].学理论，2010（9）：131-133.

⑤ 邹超，谭笑，吕建芳，等.护理礼仪教育初探[J].商业文化（学术版），2008（12）：224.

度和学生的就业率①。另一方面，探讨如何将护理礼仪教育融入到教学改革实践中。王海娟提出护理礼仪是护理专业的基本课程，可以有效提升护理专业学生的自身素质、个人修养和日常行为规范，将护理礼仪融入护理专业的教学中，可以有效提升护理专业学生的综合素质和人文素养②。朱丽从采用多种教学方法，做到理论与实践相结合；培养和引进专业的师资队伍；改进考核方式，与时俱进等三个方面提出了教学改革措施③。

第三，职业礼仪教育研究。这类研究主要以对象和职业进行分类，就对象而言，主要有高职生、中职生、师范生、大学生等；就职业而言，主要关涉金融、法律等。一方面，按研究对象进行分类的研究。其一，以高职生为对象的研究。蒋含真分析了当前高职院校职业礼仪教育的现状和问题，提出设定基本目标与合理的发展目标、编写生动有趣的"理实一体化"教材、建立立体化评价考核机制以及综合运用生动性与实用性兼具的教学方法④。袁溧通过实证分析，以安徽省示范性高职院校为个案分析对象，为解决当前职业礼仪教育目标模糊、观念滞后、成效甚微等问题，提出要构建高职学生职业礼仪养成的师资途径、教学途径、实践途径和人文途径⑤。其二，以中职生为对象的研究。林丽萍、梁宇从中等职业学校职业礼仪教育的现状入手，提出注重职业礼仪教学；发挥教师礼仪素养示范作用；改革礼仪课程考核方式，健全评价体系；打造有浓厚礼仪氛围的校园文化等途径⑥。其三，以师范生为对象的研究。包萍提出师范生教师职业礼仪

① 胡敏.探讨护理礼仪教育［J］.科技信息，2011（10）：207.
② 王海娟.护理礼仪教育融入护理专业的教学改革研究［J］.教育观察，2020（26）：80-82.
③ 朱丽.如何将护理礼仪教育渗透到教学改革实践中［J］.电大理工，2015（4）：57-58.
④ 蒋含真.高职院校学生职业礼仪教育：现状、问题与策略［J］.职教通讯，2014（23）：16-19.
⑤ 袁溧.安徽高职学生职业礼仪教育现状实证分析［J］.淮海工学院学报（人文社会科学版），2012（13）：128-130.
⑥ 林丽萍，梁宇.加强中职院校学生职业礼仪教育的探讨［J］.职业，2012（30）：45.

教育中存在大量隐性知识，这些隐性知识对于师范生进行教师职业礼仪教育的成败起着关键作用。为促进师范生教师职业礼仪教育中隐性知识的流转，学校应提高对隐性知识的思想认识，开设必要的礼仪教育课程和实践活动，进行礼仪的模拟训练，以及为隐性知识流转营造氛围①。其四，以大学生为对象的研究。蒋璟萍强调加强大学生职业礼仪教育要以职业礼仪为重点，结合未来就业岗位，分专业设置职业礼仪课程；要根据不同职业的特点和要求，把知识性和操作性、第一课堂和第二课堂有机地结合起来②。田贤国在阐释大学生职业礼仪教育意义的基础上，分析其影响因素、问题和原因，并提出优化高校职业礼仪教育环境、建立高素质的专业师资队伍、构建科学的职业礼仪教育系统等举措③。

另一方面，按职业分类的研究。邓雪莉在阐释金融职业精神内涵、作用的基础上，从职场式氛围教学、情景式模拟教学、示范式互动教学、顶岗式实践教学四个维度探索新途径④。彭庆丽通过对法律职业礼仪主要类型的介绍，分析法律职业礼仪教育的现状，对其缺失所造成的影响进行阐释，并提出开设法律职业礼仪课程、科学设置课程内容、探索多元化教学模式等方法进一步完善法律职业礼仪教育⑤。

第四，公关礼仪教育研究。这类研究可以细分为三个方面，一是围绕大学生、成人展开的研究。王兴莲从公共关系学的视角分析了公关礼仪教育中大学生和教学两个方面存在的问题，提出了普及公关教育、引导学生自主训练、加强课外实践训练等建议，旨在进

① 包萍.师范生教师职业礼仪教育中的隐性知识及其流转［J］.现代教育管理，2009（4）：101-103.
② 蒋璟萍.加强大学生职业礼仪教育的思考［J］.中国高教研究，2008（9）：92-93.
③ 田贤国.大学生职业礼仪教育探析［J］.漯河职业技术学院学报，2011（6）：145-146.
④ 邓雪莉.从金融职业礼仪教育谈高职高专金融专业学生职业精神养成［J］.山西财政税务专科学校学报，2015（5）：71-74.
⑤ 彭庆丽.法学专业的法律职业礼仪教育探讨［J］.玉林师范学院学报，2013（6）：137-140.

一步提高大学生的礼仪修养，培养大学生应对酬答的实际能力，养成良好的礼仪习惯[①]。刘丹丹在阐释大学生公关礼仪教育作用的基础上，分析当前现状并提出高校教师要加强学生的认识、在教学中加强学生道德规范、制定科学合理的教育制度、发挥教师日常教学过程中的带头示范作用等解决措施[②]。欧阳润平认为公关礼仪是我国市场经济改革大潮中社会文明发展的产物，是在公共关系实务和成人素质教育的实践中，由公共关系学和社会礼仪学融合发展而成。从本质、特色和主体内容入手，强调成人也应该进行公关礼仪教育[③]。

二是中职院校、高职院校开展的公关礼仪教育研究。李凤玉通过对中等职业学校公关礼仪教育的现状进行调查分析与研究，从更新礼仪教材、加强礼仪教师队伍建设等方面对中等职业学校的公关礼仪教育提出合理化建议[④]。林艳艳论述了高职院校开展公关礼仪的重要性，在分析问题和原因的基础上提出了创造条件开展公关礼仪教育、加强课内外实践训练、与时俱进改进教师的教学方法等措施，从而提高学生的职业能力和就业竞争力[⑤]。龙玲玲在分析高职院校公关礼仪教学现状的基础上，提出加强课程重视、精选课程内容、巧用信息技术、应用启发教学、正反示范结合等教学改进策略，旨在培养学生的公关意识，提升未来的就业与人际交往能力[⑥]。

三是公关礼仪教育与素质教育的研究。郭秀平通过分析公关礼仪教育在素质教育中的作用，提出从课程教育、教师言传身教、营造校园文化的礼仪氛围和发挥网络优势等途径进一步加强公共礼仪

① 王兴莲.对大学生公关礼仪教育的思考［J］.四川警官高等专科学校学报，2007（2）：100-104.
② 刘丹丹.当代大学生公关礼仪教育浅析［J］.才智，2016（35）：61.
③ 欧阳润平.关于成人公关礼仪教育的探讨［J］.湖南教育学院学报，1995（3）：86-87.
④ 李凤玉.中职公关礼仪教育现状分析与研究［J］.科教导刊（中旬刊），2014（20）：104-105.
⑤ 林艳艳.对高职院校开展公关礼仪教育的思考［J］.科技信息，2009（33）：995+1000.
⑥ 龙玲玲.试析高职院校开展公关礼仪教育的思考［J］.现代职业教育，2019（8）：104-105.

教育①。韦维指出为充分发挥公关礼仪教育在高职学生素质教育中的作用，通过开设公关礼仪必修课、在教育教学活动中融入公关礼仪教育、公关礼仪教育榜样化和规范化、丰富多形式教学方法等措施加强公关礼仪教育②。赛来西·阿不都拉、张兰欣指出在公关礼仪课程教学过程中，应该制定有利于学生个性化需求的教学目标，借助现代化教学手段和别出心裁的教学创意，激发大学生的热情，建立科学、合理的教学模式，从而实现优化大学生综合素质的目的③。

第三类是关于礼仪教育的拓展研究。其一，从传统文化中探寻礼仪教育的经验和启示。毕诚论述了儒家经典典籍《礼记》的礼仪思想，并提出儒家文化对礼仪教育的两点启示：一方面，礼仪教育必须根据礼义来确定，因为礼义是礼仪的灵魂；另一方面，中小学礼仪教育应该成为德育必修课，它是一项与未成年人成才过程相适应的德育实践课程④。罗晓林指出西周礼仪教育对现代礼仪教育具有重要的借鉴意义，其礼仪教育目标明确，内容丰富，设置合理。主要体现在三个方面：一是传统礼仪教育实施政教一体的社会教育，以政府的力量来推行礼仪教育；二是传统礼仪教育使用乡间频繁的社会礼仪活动，扩大礼仪在社会的影响力；三是传统礼仪教育以宗族、家庭为单位的生活礼仪培养模式，培养人们习礼、守礼的习惯⑤。她还进一步总结了传统礼仪教育推广模式的现代启示，即国家和政府要高度重视礼仪建设，确立规范的礼仪与礼节，让民众有礼可循；政府应加大礼仪推广力度，将礼仪建设作为地方政府的政务之一；现代家庭礼仪教育不可忽视，礼仪教育应从幼儿时抓起，实现终身

① 郭秀平.浅谈公关礼仪教育与素质教育［J］.内蒙古师范大学学报（教育科学版），2007（S1）：62-63.

② 韦维.谈高职公关礼仪教育与学生素质教育［J］.中国林业教育，2004（4）：24-25.

③ 赛来西·阿不都拉，张兰欣.公关礼仪教育与大学生综合素质优化之探讨［J］.桂林电子工业学院学报，2005（4）：45-48.

④ 毕诚.儒家文化与礼仪教育［J］.中国德育，2008（2）：83-86.

⑤ 罗晓林."三礼"中寻找中国传统礼仪教育的成功经验及其对现代教育的启示［J］.当代教育理论与实践，2011（5）：11-13.

教育①。李滢、郭海峰、王军认为高校要重视礼仪教育，把荀子的"隆礼重法""化性起伪""贵师重傅"等教育理念融入高校礼仪教育中，同时要加强学生的自我修养、坚持礼仪的持续性、重视礼仪的实践性、提高教师的礼仪修养、营造良好的校园礼仪文化氛围②。

其二，与其他教育的融合研究。探讨礼仪教育和德育的研究居多，如林子露认为礼仪教育是高校德育教育的载体，对高校德育教育具有重要作用，有利于提高大学生适应社会的能力，促进其社会化；有利于提高大学生的思想道德水平③。舒丹认为礼仪教育在高校德育中扮演着手段和目标的双重角色，是提高大学思想道德素质的有效途径，是实现高校德育目标的客观要求。礼仪教育作为高校德育的重要组成部分，通过礼仪教育达到道德的外铄作用和对个体行为习惯的养成，更好推动高校德育建设目标的实现④。邓剑华、陈万阳提出礼仪教育具有引德、显德、保德的德育功能。对大学生开展礼仪教育有利于大学生的社会化，提高其适应社会的能力；有利于大学生进行思想道德教育，促进社会主义和谐社会的构建；有利于大学生建立良好的人际关系，促进大学生身心健康；有利于大学生进行人文知识教育，提高大学生的人文素质⑤。王晓虹从论述礼仪与道德内在统一性关系入手，提出礼仪教育与道德教育在三个方面存在着契合点：礼仪教育是道德教育的重要内容；礼仪教育是提高道德教育实效性的有效途径；礼仪教育和道德教育的终极目标都是追求和谐⑥。

① 罗晓林.《礼记》中的传统礼仪教育方法及其现代价值［J］.湖南师范大学教育科学学报，2011（3）：108-110.
② 李滢，郭海峰，王军.从荀子的教育思想看我国高校礼仪教育［J］.铜仁学院学报，2011（4）：100-102+108.
③ 林子露.高校德育教育载体的有效途径——礼仪教育［J］.商业文化(学术版)，2009(8)：285.
④ 舒丹.礼仪教育在高校德育中的渗透［J］.当代教育论坛（上半月刊），2009（8）：69-71.
⑤ 邓剑华，陈万阳.德育视阈下的礼仪教育［J］.教育探索，2009（3）：98-100.
⑥ 王晓虹.礼仪教育与道德教育的契合［J］.广西青年干部学院学报，2007（6）：14-16.

还有学者对礼仪教育和思想政治教育展开了研究，如侯伟、贾龙、秦拓认为大学生思想政治教育工作是高校学生工作的生命线，而文明礼仪教育又是思想政治教育的起点，因而提出加强高校思想政治教育必须首先加强文明礼仪教育。根据现阶段高校思想政治教育工作的特点，进一步强化文明礼仪教育的基础地位[①]。袁林鹏提出对大学生进行礼仪教育既是时代的要求，也是当今高校思想政治工作的切入点。通过开设礼仪课程、加强礼仪训练；转换教育理念、强化师资培训；开展社会实践活动、营造良好的校园氛围；制定落实相应的礼仪常规等途径加强大学生礼仪教育[②]。乔桂萍在教育体制机制改革的大背景下，从重视"思政 + 礼仪"融合教育模式创新、全员育人下加强教师行为示范、全程育人下丰富创新仪式教育、全方位育人下强化信息技术融合等方面进一步加强思政教育与礼仪教育的融合[③]。孙育提出从选取典型礼仪教育知识、促进与思想政治教育课程结合建立正确的认知，促使学生明白礼仪知识的重要性，发挥老师模范作用，加强礼仪文化的宣传促进高校礼仪教育与家庭礼仪教育的相互结合等四个方面加强高校大学生礼仪教育与思想政治教育的紧密结合[④]。

其三，国外礼仪教育及其对比研究。这方面的研究主要聚焦于国外礼仪教育的启示以及中西方礼仪教育的比较研究。肖光华分析了洛克礼仪教育思想的形成基础，对礼仪的含义、礼仪教育的重要性、内容、原则和方法进行了探讨，并指出其认识礼仪与社会生活的关系，促进社会和谐；重拾中华民族的传统礼仪，增强民族自尊心；规范个

---

① 侯伟，贾龙，秦拓.文明礼仪教育是大学生思想政治教育的起点[J].山东教育学院学报，2009（4）：67-69.

② 袁林鹏.礼仪教育：高校思想政治工作的切入点 [J].当代青年研究，2009（1）：73-76.

③ 乔桂萍.思政教育与礼仪教育融合探究 [J].中学政治教学参考，2021（39）：70-72.

④ 孙育.大学生礼仪教育与思想政治教育结合的途径研究 [J].佳木斯职业学院学报，2020（6）：23-24.

人社交行为；扩展了教育的范围的现实意义①。孙继新指出借鉴韩国礼仪教育的积极做法有助于加强我国大学生礼仪教育，如高等学校应加强对礼仪教育的安排，将礼仪教育列入文化素质教育的总规划中；礼仪教育要与实践相结合，让学生在社会实践中理解礼仪知识和规范；同时还要关注到网络环境下的礼仪教育，高校应建立健全校园网站，让礼仪教育在线上和线下同时开展②。还有学者对中外礼仪教育进行了比较研究，如王华分析对比了东西方礼仪教育的特点，发现东西方都注重礼仪教育与德育教育的密切结合，注重发挥家庭、学校和社会的作用。在当前我国开展礼仪教育应借鉴东西方的成功经验，汲取中国传统礼仪的思想精华，建设社会主义新礼仪；加强礼仪教育的渗透性；加强理论研究，完善礼仪教育体系③。王贺兰通过对东西方青少年礼仪教育的比较，总结出几点启示：重视传统礼仪教育的继承和发展；注重礼仪与道德的融合教化；礼仪教育"灌输"和渗透并举；实现礼仪教育的社会生活化；家庭、学校和社会应分工协作等④。林瑶通过对东方国家（韩国、日本、新加坡）与西方国家（美国、英国、德国、法国）礼仪教育的比较，总结出可借鉴之处：重拾中华传统礼仪、整合礼仪教育内容；注重礼仪教育与道德教育的相互融合；加强礼仪教育社会实践活动、完善教育内容；建立健全的机制，配合礼仪规范的有效实施⑤。

---

① 肖光华．洛克的礼仪教育思想及其现实意义［J］．河北师范大学学报（教育科学版），2008（4）：12-14+20.
② 孙继新．韩国礼仪教育对中国大学礼仪教育的启示［J］．延边大学学报（社会科学版），2010（4）：83-87.
③ 王华．东西方礼仪教育的特点及启示［J］．黑龙江高教研究，2007（11）：104-106.
④ 王贺兰．东西方国家礼仪教育的不同特点及借鉴［J］．教学与管理，2010（17）：62-64.
⑤ 林瑶．东西方国家礼仪教育的成功经验及借鉴［J］．东北电力大学学报，2012（1）：115-118.

### 3. 文献关键词突发性分析

突现词是在一定时间段内出现频次较高的词语，可以通过突现词来确定某领域的热点议题和研究前沿。在文献分析过程中，选择了 15 个突现词，突现度前三的关键词分别是"幼儿园"（5.2）、"素质教育"（4.8）、"德育"（4.77）。从突现词的强度来看，1991—2024 年近 33 年间，所选取的 15 个关键词突现强度均大于 2，说明礼仪教育的相关研究一直受到重视。从突现词的持续周期来看，幼儿园、路径、对策等在近几年学界研究中仍占有重要位置。这些突现词总体上围绕教育主体、教育客体、教育环体、教育目的等展开，未来礼仪教育研究在基础教育方面如幼儿园教育可能还是重点，教师自身礼仪素养的提升也是关键问题。

## 二、国外研究综述

国外关于礼仪教育的研究现状主要从中国知网的外文文献和外国书籍资料两个方面进行分析，每一部分经过梳理分析概括如下。

### （一）与礼仪教育相关的外文文献

以 etiquette education 为篇名在中国知网检索到 12 篇文献，其中 1 篇为外文会议，其余的 11 篇文献主要涉及儿童礼仪教育、茶教育、传统礼仪教育、礼仪教育认知、大学生礼仪教育等方面。有学者阐述了传统礼教思想的丰富内涵，在中国传统社会的制度规范、社会启蒙和文化传承中发挥了重要作用。因此，当代大学生礼仪教育需要积极建设礼仪课程，系统设计校园礼仪，完善规章制度，为培养德智体美劳全面发展的社会主义建设者和接班人作出贡献[①]。有学者从文化自信的角度阐析了礼仪教育的重要作用，立足弘扬中华优秀

---

① ZHAO L，WAN L，WANG L，et al.A Study on the Value of Integrating the Confucian Ritual Education Thought and Modern Etiquette into College Students' Etiquette Education ［J］. Journal of Research in Vocational Education，2022，4（5）:78-79.

传统文化的需要，结合教学实践经验，从现代礼仪文化的历史进程入手，深入阐释礼仪教育与文化自信的关系以及如何在学校之间构建更为系统的礼仪教育。旨在推动年轻一代关注中华优秀传统文化，从而继承民族精神，为其注入新的活力[①]。有学者采用定性方法，通过观察、访谈和记录进行数据收集，开发了学生学习成绩、学校环境和学校行为以及学生校外生活环境三种框架方法，进一步探究数字礼仪嵌入小学的重要策略[②]。

### （二）外国书籍资料

1. 关于文明礼仪的研究。西方礼仪起源于古希腊罗马时期，发展于资产阶级文艺复兴时期，成熟于现代社会。西方学者对文明礼仪素养的专题研究比较少，但关涉性研究自古有之。早在古罗马时期，奥维德的《爱的艺术》中就涉及餐饮礼仪；中世纪荷兰人文学者伊拉斯莫斯指出，礼是一种习惯，主要指言谈、修饰和行为举止等，而这些习惯反映了人的内在素养，必须在孩提时代进行培养。近代以来，鲍达萨尔·卡斯蒂廖内的《朝臣之书》奠定了欧洲礼仪和文明的传统，论述了"礼"的概念，它所指的是朝廷的礼法，包括言谈、举止、服饰和礼仪等。英国学者埃尔西·伯奇·唐纳德的《现代西方礼仪》则介绍了西方的礼仪、礼节和习俗；诺贝特·埃利亚斯在《文明化过程》一书中，讲述了自16世纪以来西欧文明礼仪的历史，深入地展示了西方礼仪在社会文明化进程中的发展轨迹；美国学者罗杰·E·阿克斯特尔的《礼仪与禁忌》讲述了礼仪、习俗与举止规范以及美国的行话与习语。这些著作表明"西方学者普遍高度重视礼仪的重要性，认为礼仪是一套功能强大、实用，能够为人们带来实

---

① WEI W，XIANG M N .On the Basic Role in Etiquette Education to Enhance Cultural Confidence［J］.Advances in Educational Technology and Psychology，2022，6（11）:144-148.
② Akhwani A.Strategy of digital etiquette education of elementary school students［J］. International Journal of New Developments in Education，2019，3（2）:43-45.

际盈利的技能，掌握优雅得体的礼仪能够为人生增添光彩"①。

2. 关于道德教育的研究。国外对道德教育也有很长的历史。毕达哥拉斯率先提出了"美德即是一种和谐与秩序"的观点；在苏格拉底、柏拉图、亚里士多德等哲学家的经典著作中关于道德教育也多有涉及，捷克著名教育家扬·阿姆斯·夸美纽斯的《母育学校》突出强调道德教育的作用，认为要尽早开始正面教育，在行动中养成儿童良好的道德行为习惯；英国教育思想家约翰·洛克在《教育漫画》一书中系统地论述了礼德在人生中的重要地位以及如何进行礼仪教育。他认为，优良的绅士教育必不可少的是德行培养，在理性的思想启蒙、内省以及反复练习下可以使人形成习惯，从而培养良好的德行；劳伦斯·科尔伯格在《儿童的道德判断》一书中从儿童的社会认知发展的趋势，揭示了儿童道德发展的趋势，客观地指出道德教育的阶段性和长期性；约翰·杜威的《民主主义与教育》强调教育的实用价值和人本价值，重视教育对人的道德和社会发展的影响，通过社会实践、社会活动的方法，让学生在生活中接受应有的道德训练。

**（三）研究述评**

通过对现有文献的梳理和分析，可以看出礼仪教育一直是学界研究所关心的主题词。在 1991—2024 年这 33 年间，礼仪教育研究呈现出不断提升和完善的趋势，学者们从不同学科、多维视角出发，对礼仪教育的内涵精神、价值作用、问题原因、中外对比等进行了深刻阐述，推动了礼仪教育的发展和完善，为后续研究奠定了坚实的基础。但现有的礼仪教育研究仍然有很大的拓展空间，未来研究可从以下三个方面进一步拓展和深化。

① 张海云.大学生明礼意识养成教育研究［D］.济南：山东师范大学，2017：8.

### 1. 打破"单枪匹马"的研究状态，构建良好的学术共同体

部分高校的研究学者和研究团队虽然对礼仪教育相关话题进行了较为深入的研究，但高校学者和团队间的学术交流较少，在研究中缺少合作，导致礼仪教育研究的合作图谱呈现出一个个单独的节点，而没有形成关系紧密的学术网络。因此，在未来的研究中，各大高校和研究机构可以多开展学术交流活动，如学术沙龙、学术研讨会等，通过各种学术活动加强学者和团队之间的沟通与合作，搭建良好的交流平台，从而推动礼仪教育研究领域学术共同体的构建。

### 2. 结合理论分析和量化分析，完善研究的方法体系

在现有的文献中，理论分析的文章占据大多数，而量化分析的文章较少，这是未来研究亟需完善的方面。理论分析和量化分析是撰写文章的重要工具，两者结合是在突破传统研究方法上的创新。量化分析通过数据和图表直观地反映了现实问题，进一步增强了研究的真实性和客观性，使我们在阐述问题时更加清楚明晰、更具说服力。因此，通过结合理论分析和量化分析进行礼仪教育研究，不仅为我们的研究提供了具体的衡量指标和全面的建议参考，更增强了文章的理论性和学术性。

### 3. 深化研究的深度和广度，凸显时代性和问题性

通过分析现有文献发现，早年间发表的文章质量不高，且存在相互借鉴的现象，学术写作和学术发表不够规范，这些问题在近几年有所改善，但礼仪教育研究在深度和广度上仍有很大挖掘空间。任何一种研究都基于一定的社会背景，礼仪教育研究也不例外。礼仪教育研究不仅反映礼仪教育本身的问题，更重要的是要体现时代性和问题性，与社会主流价值相契合、与大众文化审美相一致。随着网络技术的普及，网络礼仪教育的问题逐渐凸显，这是未来研究亟需关注的重点问题。建立什么样的网络礼仪规范、如何完善网络礼仪体系、如何加强网络礼仪教育等问题是随着技术发展和生活方式改变而产生的新问题，也是礼仪教育创新研究需要应对的问题。

# 第三节 研究内容、目的、思路、方法及创新点

## 一、研究内容

本研究主要分为以下六大部分。

第一部分：绪论。在这章中主要简述了本研究的研究缘起与研究意义、国内外研究现状、研究内容、目的、思路和方法以及研究的主要创新点，从而为后面的研究做好铺垫和准备。

第二部分：新时代大学生礼仪教育的相关概念及理论资源。通过梳理新时代、大学生、礼仪与礼仪教育等概念，并分析各自的内涵和特征，为第三章新时代大学生礼仪教育的内容、价值和目的奠定基础。从中西方分别论述了本研究的理论资源，以习近平传统文化观、儒家礼育思想、交往行为理论、礼仪教育思想等为支撑，深化本研究的学理深度。

第三部分：新时代大学生礼仪教育的内容、价值与目标。首先，明确新时代大学生礼仪教育的主要内容，从传统礼仪教育、家庭礼仪教育、学校礼仪教育三个方面入手；其次，从个体维度、社会维度和国家维度三个方面阐释新时代大学生礼仪教育的价值；最后，从主体维度、理念维度和文化维度阐析新时代大学生礼仪教育的目标。

第四部分：新时代大学生礼仪教育的现状分析。首先，从调查目的及总体思路、调查方法与调查对象、问卷设计与基本情况等方面简述调研现状；其次，基于调研数据，通过实证分析和查阅相关文献，对大学生礼仪教育的积极面和消极面进行分析。

第五部分：新时代大学生礼仪教育的原因剖析。新时代大学生

礼仪教育出现的问题与教育主体、教育客体、教育介体、教育环境有着莫大的关系。本研究从家庭、高校、社会、网络和大学生自身五个方面来分析当前问题的原因，每个维度细分为三个方面，针对所涉及的各个层面进行深度剖析。

第六部分：新时代大学生礼仪教育的路径优化。本章在分析大学生礼仪教育存在问题的原因基础上，结合家庭、高校、社会、网络和大学生自身这五个维度的特点，提出有针对性的路径对策，以期通过多方的合力改变当前大学生礼仪教育的现状，引导大学生继承和弘扬中华优秀礼仪文化，提升自我礼仪修养。

## 二、研究目的

本研究基于当前大学生礼仪教育的现实情况，综合运用教育学、社会学、心理学等多学科知识，深入剖析当前大学生礼仪教育存在问题的原因，并提出当前社会环境下改善当前现状、提升大学生礼仪素养的多重路径，在大学生群体中形成知礼、明礼、行礼的良好风尚。本研究主要有以下几个目的：

首先，通过调查问卷，发现当前大学生礼仪教育存在的问题，剖析大学生礼仪教育问题的成因，解决实际教育过程中存在的问题和困扰，明确作为独立个体的大学生应有的礼仪价值目标，使其能深刻理解礼仪文化和中华美德。

其次，强化大学生明礼行礼的意识，在现实生活中注重和谐、谦逊、严谨、礼让，自觉规范外在行为，进一步推动礼仪教育。

再者，促进大学生养成道德自律、道德自省的习惯，强化自我礼仪教育的意识，将他律与自律、他育与自育相结合。

最后，通过家庭、高校和社会的三位一体教育，构建协同育人格局，并将礼仪教育扩展到网络空间，线下与线上相结合，增强大学生对礼仪文化的认同感和自豪感，从而有效改善当前大学生礼仪教育的现状。

## 三、研究思路

本研究以习近平传统文化观、儒家礼育思想、德育原理交往行为理论和礼仪教育思想等资源为指导，遵循"发现问题—分析问题—解决问题"的基本思路，通过实证调研把握当前大学生礼仪教育的现状，并进一步分析问题的原因、提出相应的路径。研究思路如下图（见图1-4）：

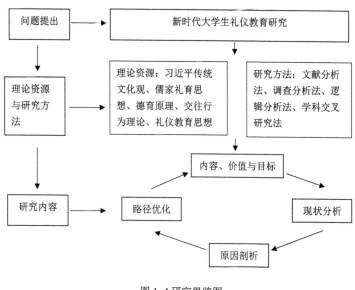

图1-4 研究思路图

## 四、研究方法

其一，文献研究法。文献检索与阅读研究是必不可少的步骤和方法，大量查阅国内外相关文献、次相关文献，通过已经掌握的文献中所列的引用文献、附录的参考文献作为线索，查找相关主题的文献，通过学校图书馆、网络资源来丰富文献的阅读量。

其二，调查分析法。问卷调查是获取直接资料的有力手段。为获取第一手资料，增强论文的说服力，论文将以调查问卷为支撑，通过数据得出相关结论。此方法有助于深入地了解大学生礼仪教育的现实情况，增强材料的真实性，弥补理论研究的不足。

其三，逻辑分析法。在文献研究的基础上，对所用文献资料进行综合分析，并运用相关领域的知识概念，结合新时代和大学生的特征，分析当前大学生礼仪教育的现状及原因，在此基础上提出应对路径。

其四，学科交叉研究法。大学生礼仪教育涉及社会、政治、经济、文化等多种因素，因此需要坚持多学科综合研究方法。在研究的过程中，需要综合运用教育学、哲学、心理学、社会学等学科的知识进行研究，进一步丰富学理性。

## 五、研究的创新点

其一，研究主题上的创新。在当代，大学生的礼仪教育问题尤为重要。因此，本研究立足于"立德树人"的教育目标，把握大学生礼仪教育的现实图景，契合了发展和弘扬中华优秀传统文化的时代要求。

其二，研究视角上的创新。本研究基于新时代的背景，综合考虑了社会发展需求和时代因素，并通过调查问卷的形式清晰地了解当前存在的问题，剖析其原因并提出相应的路径。

其三，研究内容上的创新。梳理了大学生礼仪教育的内涵和外延，对礼仪的概念、内涵及嬗变和礼仪教育的概念、内涵及原则以及新时代大学生礼仪教育内容、价值和目标进行了阐释，丰富和完善了大学生礼仪教育体系。

# 第二章 新时代大学生礼仪教育的
# 相关概念及思想资源

新时代大学生礼仪教育涉及多个概念，其中包括"新时代""大学生""礼仪"与"礼仪教育"等，需要对这些概念进行解释和分析，确保研究的准确性和行文的一致性。

## 第一节 新时代的内涵特征

中国特色社会主义新时代是中国发展新的历史方位，既是中国特色社会主义发展在时间和空间上的新坐标，也是发展的新阶段。从党的十八大开始，中国特色社会主义进入新时代。2017 年 10 月 18 日，习近平总书记在党的十九大报告中作出重大判断："经过长期努力，中国特色社会主义进入了新时代，这是我国发展新的历史方位。"①

---

① 习近平.决胜全面建成小康社会夺取新时代中国特色社会主义伟大胜利——在中国共产党第十九次全国代表大会上的报告［M］.北京：人民出版社，2017：10.

## 一、新时代的内涵

"时代是思想之母，实践是理论之源。"①中国特色社会主义进入了新时代，这是一个承前启后、继往开来的时代，是在新的历史条件下继续夺取中国特色社会主义伟大胜利的时代，具有丰富的内涵，也是开展礼仪教育重要的时代背景。

### （一）社会主要矛盾转化为礼仪教育发展提供了主要依据

党的十九大报告指出："中国特色社会主义进入新时代，我国社会主要矛盾已经转化为人民日益增长的美好生活需要和不平衡不充分的发展之间的矛盾。"②我国社会主要矛盾的转化成为中国特色社会主义新时代的标志，"不平衡不充分的发展"表明了供给侧和需求侧之间的矛盾。这为礼仪教育的发展走向提供了重要依据。发展不平衡不充分问题是性质不同的两类问题。一方面，"发展不平衡问题"指的是各区域、各领域、各方面存在失衡现象③。乡村和城市作为礼仪展演的重要场域，一直存在着传统礼仪与现代礼仪的冲突。乡村社会长久以来维持着"礼治"秩序，传统的婚丧嫁娶等礼仪贯穿人的一生，在参与仪式的同时不断规约着个体，呈现出传统礼仪内在的道德叙事。当人们在追求更好发展远离乡村之后，传统礼仪在城市快速发展中逐渐式微，日益被方便、实用、快捷的现代礼仪取代。因此，礼仪教育应正视发展不平衡的事实，在传统与现代、乡村与城市之间找寻平衡点，通过现代方式表达传统礼仪，引导乡村与城市走向融合互通，解决礼仪教育在乡村与城市中发展的不平

① 习近平.决胜全面建成小康社会 夺取新时代中国特色社会主义伟大胜利——在中国共产党第十九次全国代表大会上的报告 [M].北京：人民出版社，2017：26.

② 习近平.决胜全面建成小康社会 夺取新时代中国特色社会主义伟大胜利——在中国共产党第十九次全国代表大会上的报告 [M].北京：人民出版社，2017：11.

③ 李海舰，杜爽.发展不平衡问题和发展不充分问题研究[J].中共中央党校（国家行政学院）学报，2022（5）：72-81.

衡问题。另一方面，"发展不充分问题"揭示了礼仪教育的建设力度和发展深度问题，预示着实现社会主义现代化仍任重道远。观照礼仪教育即强调要深入挖掘礼仪文化的内容和内涵，并进行创造性转化和创新性发展，根据不同人群、不同年龄阶段对礼仪文化进行划分，拓展礼仪文化的适用面；同时依据社会主义核心价值观三个层面的要求，在不同层面推广与之对应的礼仪，如公民个人礼仪、社会公共礼仪、国家政治礼仪等，推动形成更加完善的礼仪体系，使礼仪文化更加深入人心，促使人们在日常生活中自觉践行礼仪，不断丰富礼仪文化的实践内涵。

## （二）全面建成小康社会奠定了礼仪教育的物质基础

"改革开放之初，邓小平同志首先用小康来诠释中国式现代化，明确提出到二十世纪末'在中国建立一个小康社会'的奋斗目标。"① 小康社会的全面建成标志着困扰我国多年的贫困问题得到解决，人民生活状态实现了整体性变革，从过去的追求温饱、消除贫困迈向"共同富裕"的新阶段；同时也催生了人们对精神生活的更高需求，诚如"仓廪实而知礼节，衣食足而知荣辱"所揭示的一般规律，人类文明建立在一定的物质基础之上，人们对礼仪教育的需要是继满足基本物质需要之后的更高级的需要。

小康社会的发展目标包含多个维度，其中"国民素质和社会文明程度显著提高"②是礼仪教育的题中应有之义。小康社会的全面建成切实解决了广大人民群众的基本生活问题，满足了人们对物质生活的渴求和需要，为新时代礼仪教育的开展和深化奠定了坚实的基础。一方面，"物质生活的生产方式制约着整个社会生活、政治生

---

① 中共中央文献研究室.习近平关于全面建成小康社会论述摘编［M］.北京：中央文献出版社，2016：10.
② 中共中央文献研究室.习近平新时代中国特色社会主义思想学习纲要［M］.北京：学习出版社，2019：61.

活和精神生活的过程"①，物质生活与社会生活、政治生活和精神生活属于人们生活的不同范畴，处在生活领域的各级纵向梯度之中，只有跨越了低层级的物质生活阶段，才能跃升至政治生活、文化生活、精神生活等高级阶段。从人的需要满足角度来看，只有人们的物质生活得到满足和保障，才会产生对更高级生活如精神生活、文化生活、道德生活的追求，才会从关注日常生活的衣食住行转向礼仪文化的礼义廉耻、仁义礼智信等道德条目。另一方面，礼仪教育的开展和实施需要以小康生活的实现为其奠定基础，反过来礼仪教育也持续为小康社会的深化提供源源不断的力量，两者互相促进、良性互动。小康社会是一个内涵丰富的整体概念，现阶段的实现呈现出基础性和发展性，物质生活与精神生活双重富裕是其追求的更高级的生活样态。礼仪教育旨在充盈人们的精神生活、提升人们的精神世界，是形塑新时代文明个体、提高小康社会质量的重要方式。

### （三）中国式现代化指明了礼仪教育的前进方向

党的二十大报告以人口规模巨大、全体人民共同富裕、物质文明和精神文明相协调、人与自然和谐共生、走和平发展道路②等五个方面主要内容建构起中国式现代化理论体系，既具有各国现代化的共同特征，又极具中国特色。习近平总书记指出，现代化的本质是人的现代化。人的现代化是贯穿中国式现代化全过程的核心和主线，推动人的现代化、实现人的全面自由发展最基本的是塑造人们的文明素质，而新时代礼仪教育是提升人民文明素质、建设文明强国的重要手段。

中国式现代化内容多维、内涵深厚，其中"物质文明和精神文

---

① 中共中央马克思恩格斯列宁斯大林著作编译局.马克思恩格斯文集：第2卷［M］.北京：人民出版社，2009：591.
② 习近平.高举中国特色社会主义伟大旗帜为全面建设社会主义现代化国家而团结奋斗：在中国共产党第二十次全国代表大会上的报告［M］.北京：人民出版社，2022：22-23.

明相协调"的内容是对西方国家强调资本逻辑、过分追求物欲的超越，立足于中国特色社会主义文化发展道路，从整体上把握物质文明和精神文明，推动两者协调发展、共同进步，尤其提倡大力弘扬中华优秀传统文化，实现其创造性转化和创新性发展。一是要立足典籍文献，将礼仪教育的原点置于传统文化之中，关注和研读典籍资料，充分挖掘传统礼仪文化的内容与意涵，坚定文化自信，推动礼仪教育的高质量发展，进一步丰富人民的精神世界，提高人们对礼仪文化的理性认知。二是打破惯常思路，从个体向共同体转变。中国式现代化既有共性，又有个性，共性是各国现代化中的共同特征，而个性则是中国的独特之处。由此为新时代礼仪教育提供了思路启示，礼仪教育所蕴含的规则理念不仅对中国人民具有引导、规范、调控等作用，同样对他国乃至整个人类都具有积极作用。因而，礼仪教育要破除小我小家的局限，从个体上升到共同体，既有一国之爱的家国情怀，同时也要培养文明互鉴的天下胸怀。让礼仪文化带着中国特色走出去，同时吸收外国文化的精髓返回来，在文化互融共生、文明交流互鉴中推动构建文化共同体、创造人类文明新形态。

## 二、新时代的特征

习近平总书记指出："这个新时代，是承前启后、继往开来、在新的历史条件下继续夺取中国特色社会主义伟大胜利的时代，是决胜全面建成小康社会、进而全面建设社会主义现代化强国的时代，是全国各族人民团结奋斗、不断创造美好生活、逐步实现全体人民共同富裕的时代，是全体中华儿女勠力同心、奋力实现中华民族伟大复兴中国梦的时代，是我国日益走近世界舞台中央、不断为人类作出更大贡献的时代。"[①]新时代作为我国发展新的历史方位，隐喻着从一个时代向另一个时代转变的深厚内涵，是具有进步意义、美

---

① 习近平.决胜全面建成小康社会夺取新时代中国特色社会主义伟大胜利——在中国共产党第十九次全国代表大会上的报告［M］.北京：人民出版社，2017：10-11.

好属性的新阶段，呈现出不断发展、欣欣向荣的新气象，展现出不同于以往时代的特征。

## （一）复杂性

新时代的话语环境为各项工作的开展提供了许多机会，同时也带来了诸多挑战。既有国际形势的复杂性，又有国家内部的复杂性，改革发展、产业革命的任务繁重，矛盾风险挑战复杂多变，多元思想文化交流交融交锋等等，复杂的国际和国内环境增加了各项工作开展的难度，需要以更加科学、理性、谨慎的态度应对当前复杂多变的社会环境。

## （二）不确定性

世界正在经历"百年未有之大变局"，内外部不确定因素叠加、战略机遇和风险挑战并存，要时刻警惕各种"黑天鹅"灰犀牛"事件。还有国内各种突发事件，如 2019 年国内突发的公共卫生事件新冠肺炎疫情、2020 年国内遭遇大范围严重洪涝灾害等。在复杂的局势面前更要保持清醒和理性的认知，增强忧患意识、风险意识、危机意识，为可能发生的情况做好充分准备，积极灵活应对各种风险挑战。

## （三）不稳定性

当今世界正处于大发展大变革大调整时期，存在着各种不稳定因素，单边主义、贸易保护主义、霸权主义等，说明当前的大环境是不稳定的，再加上各种矛盾交织叠加，这就使得经济建设、政治建设、文化建设、社会建设、生态文明建设等面临诸多困难。因而在不稳定的环境下更要沉稳，增强全局意识、大局意识，保证各项工作稳定、有效开展。

# 第二节　大学生的概念特征

　　大学生是民族的希望、祖国的未来，是中国特色社会主义建设的生力军，承载着党和人民赋予的传承、创新和发展中国特色社会主义事业的时代重任和光荣使命。因而，要明晰大学生的概念，把握其特征，正确施以礼仪教育。

## 一、大学生的概念

　　《辞海》对大学生的定义是：就读于大学院校的学生。《现代汉语词典》关于大学生的解释是：在高等学校读书的学生。根据我国教育体系的划分，大学是属于学校教育系统中的高等教育，而大学生则是年龄在 18—25 岁左右，在学校中接受较为全面、系统、专业的知识教育的这部分青年群体。

　　从社会心理学的角度来看，"社会角色是关于人们在特定类型的关系中应当如何行动的一套规则"[①]。大学生作为一种社会角色，在学校接受教育时必然要运用一定的行动规则承担相应的责任和义务。因为"'学生'是受教育者的本来身份"[②]，所以作为学习者的大学生必然也是在大学阶段勤于学习、发现自我、不断试错的成长者。

　　"以经济学人力资本的视角看，作为'专门人才'的大学生是标准化、可重复生产的'高级人力'"[③]，这种人力资本从微观角度定义则是指"存在于人体之中、后天获得的具有经济价值的知识、

---

① 金盛华．社会心理学：第 2 版［M］．北京：高等教育出版社，2005：32.

② 丁洁琼，刘云杉．中国高等教育 70 年：大学生角色的演变［J］．北京教育（高教），2019（10）：93-98.

③ 陆雯．当代大学生礼仪践行现状及其培育对策［D］．南京：南京师范大学，2018：13.

技术、能力和健康等质量因素之和"[①]。所以大学生群体经过后天的努力学习，步入社会之后是作为高级人力而存在的，为社会和国家带来一定的经济效益。

基于上述分析，本研究将研究对象"大学生"定义为年龄在18-25 岁之间，正在高等学校读书、接受教育的学生群体。

## 二、大学生的特征

大学生是在高校里接受教育的特殊群体，不仅是中华文明的传承者，更是中华礼仪的践行者，是中国礼仪文明的独特载体。拟从生理、心理和时代三个方面来把握大学生群体的特征，从而更好开展礼仪教育。

### （一）生理特征

大学生年龄介于18-25 岁之间，正是生理发育的成熟期和稳定期，了解该阶段的大学生成长特征，把握成长规律，综合生理特点，有助于对其展开针对性的礼仪教育。第一，大学生的内分泌控制不断完善。这一方面的特点主要表现在人的脑垂体、甲状腺、肾腺、性腺等身体结构日趋成熟，身体的生长发育处于一个平缓、缓慢的状态，但是由于大学生经历了高中的紧张学习状态，在大学阶段可能会经历再次发育的过程，心肌壁变厚，心脏的机能也会得到提高，从而为大学生增强体育锻炼提供了坚实的基础。第二，大学生的大脑机能逐步增强。处于18-25 岁的大学生大脑的脑容量将会达到最大值，所以大脑各方面的机能也逐步增强，学习的效率和强度相较之前也有所提高。第三，大学生的性机能趋于成熟。这个年龄阶段的大学生的性机能随着性意识的增强而更加成熟，对异性的好奇心理也会随之增强。

---

① 李建民.人力资本通论［M］.上海：上海三联书店，1999：42.

### （二）心理特征

"人的心理是不断发展的过程，心理发展的各个阶段表现出来的特征，称为心理发展的年龄特征。"① 大学生的心理随着年龄的增长不断变化，其行为举止符合相应年龄阶段的特征才是心理健康的表现。但心理特征是复杂的、多方面的，主要有两大特点，一方面是一般心理特征，另一方面是大学不同阶段的心理特征。首先，一般心理特征是大学生普遍的一种状态，主要体现在三个方面：第一是心理水平的二重性，即幼稚的深刻性。大学生刚摆脱了高中的枯燥、紧张的生活，步入大学校园，对很多事情充满好奇心，心理的发展还处于由幼稚向成熟转变的过程，看待问题的角度和深度存在一定的局限。第二是心理倾向的二重性，即积极和消极两方面。大学生在某些事情上的态度往往具有二重性，要么是积极向上的乐观状态，要么是消极悲观的情绪，这正是心理成长的特征体现。第三是心理素质结构的二重性，大学生的心理素质与成人比较起来还不够强大，在有些问题上往往存在着矛盾和纠结，比如理想与现实的矛盾、情感与理智的矛盾、独立性与依赖性的矛盾、渴望交往与自我封闭的矛盾等等，这些都是大学生心理素质的矛盾体现。其次，大学不同阶段的心理特征是大不相同的，不同年级的大学生所考虑的问题、所面临的困境都不一样，所以在不同的阶段大学生的心理状态是不一样的。刚进入大学的大一新生，他们处于大学的适应阶段，正逐步把高中时候的被动转变为主动；到了大二学期，很多大学生已经习惯大学生活，处于稳定发展阶段，这会导致大学生出现两极分化的现象，一部分大学生完全沉迷于大学自由的学习和生活环境，无拘无束，而有的大学生则勤奋学习、刻苦努力；大三、大四学年的大学生则处于准备就业阶段，从学生身份逐步向社会成员转变，向

---

① 宁维卫.大学生发展与健康心理学［M］.成都：西南交通大学出版社，2009：7.

职业生涯过渡。

### （三）时代特征

大学生既是一个身份名词，同时也是一个时代的代名词。不同时代的大学生带有所处时代的特征，是这个时代的缩影和烙印。2003年，中文界"80后"概念的提出和流行，引出了后来的"90后""95后""00后"，这些名词是时代的代际符号，划分了不同时代的年轻人，同时也彰显了他们身上的时代特征。大学生身上具有鲜明的时代特征，一方面是个体和群体都具有矛盾性和波动性，在生活交际、言行举止上体现了独有的时代特点。"00后"的大学生在思想上早熟老练而又叛逆，一些想法和观念看似成熟，但实际的言行却与之相反，甚至出现对着干的情况；在性格上自主自信而又依赖，很多大学生外在修饰得体大方，充满自信、独立自主，但真正遇到麻烦和困难时又会依赖父母、同学，这说明大学生的处事能力和技巧还不够成熟；在语言上追捧网络流行语，在日常交流中经常使用网络语言和网络表情，善用"梗"文化，以证明自己与潮流的同步性，对新鲜事物的敏感度强、接受度高；在日常交际中热衷于网络虚拟平台，对各大交友App、网络游戏的使用十分熟练，且喜爱广泛交友和聊天。另一方面大学生是多重身份的综合体，既是教育改革的受益者，又是信息时代的体验者，更是建设和谐社会的亲历者。"00后"的大学生享受了很多父母辈不能享受的优质教育，体验了信息时代的快捷方便，见证了和谐社会的建设和发展，这些都是时代发展带来的优势和便利。正是因为网络、信息和科技的发展，大学生在追赶潮流、追求时尚的同时丢失了中华优秀传统文化，对礼仪文化的了解、学习和传承远不及老辈人，这也是当前高校教育需要强化的地方。

## 第三节　礼仪与礼仪教育

礼仪和礼仪教育是本研究的核心概念，两者存在着大概念和小概念的关系，分析两者的概念、内涵，把握其嬗变规律和原则，通过对概念术语的理论回应，明确研究问题，为该主题的研究奠定基础。

### 一、礼仪的概念、分类及嬗变

#### （一）礼仪的概念

礼仪是由"礼"和"仪"两个字组合而成，而关于"礼"的描述，《说文解字》认为："礼，履也。所以事神致富也。"[①]《荀子·礼论》认为："故礼，上事天，下事地，尊先祖而隆君师，是礼之三本也。"[②]可见，礼源于祭祀，是为了表达尊敬之意，而"仪"则是辅助"礼"所产生的程序严格、形式隆重的典礼，在此基础上形成的一套系统而完整的程式，是"一个社会文化传统、价值观念等外在象征性的表达[③]。《诗经·小雅·楚茨》曰："献酬交错，礼仪卒度，笑语卒获。"[④]《辞源》认为礼仪是"行礼之仪式"，把"礼"解释为规定社会行为的法则、规范、仪式的总称。学术界关于礼仪的定义颇多，不同学者从不同角度对礼仪进行概念界定。蒋璟萍认为"礼仪是指人们在社会交往中形成的、以建立和谐关系为目标的、符合'礼'的精神的行为规范、准则和仪式的总和"[⑤]。楚丽霞从广

---

① 汤可敬. 说文解字今释：增订本［M］. 上海：上海古籍出版社，2018：6.
② 杨倞. 荀子［M］. 上海：上海古籍出版社，2014：229.
③ 胡金木. 学校礼仪教育的内在理路及实践要求［J］. 教育科学，2018（5）：14-19.
④ 阮元. 十三经注疏［M］. 北京：中华书局，1980：468.
⑤ 蒋璟萍. 礼仪的伦理视角［J］. 船山学刊，2007（4）：50-53.

义和狭义两个角度来阐释礼仪，认为"广义的礼仪是包括典章制度、生活方式、伦理规范、治国根本、做人准则等在内的一切制度；而狭义的礼仪仅仅指个体交往过程中，为了构建和谐的人际关系而逐步形成并完善的行为规范"①。郭瑞民认为"礼仪是礼和仪的综合，是指人们在不同历史、风俗、宗教、制度和潮流等的影响下，在社会的各种具体交往中为表示互相尊重，在仪表、仪容、仪态、仪式、言谈举止等方面约定俗成的、共同认可的规范与程序"②。龚展、乌画等学者认为"礼仪是人类为维持社会的正常运转而要求人们共同遵守的最基本道德规范，以礼仪建设为载体的道德控制可以更有效地保证伦理道德的普遍化、生活化"③。段尔煜、张光雄认为"礼仪是人类为维系社会正常生活而要求人们共同遵守的最起码的道德规范，它在人们长期共同生活和相互交往中逐渐形成，并且以风俗、习惯和传统等方式固定下来"④。

综上所述，关于礼仪的概念学者们分别从不同角度、不同层面进行概述，但万变不离其宗，礼仪是一套约定俗成的、对人的内在致思、外在行为具有约束和调控作用的规范体系。从微观角度看，它是合乎伦理道德的行为规范，是人们日常交往的行为准则；从宏观角度看，它是合乎道德要求的治国理念与制度。因此，本研究试图从个体层面和社会层面对礼仪进行定义。个体层面的礼仪是个体在社会生活中与他人交往、沟通、联络时所采用的方式方法和所遵循的原则的综合，与个人所受教育水平、家庭礼仪教育及其生活环境密切相关。社会层面的礼仪是指社会、民族乃至国家在稳定社会秩序、教育社会民众、推动社会进步时所运用的一套良好的教育理念和集体行为规范，与国家的重视程度、发展的优先性紧密相连。

① 楚丽霞.论传统礼仪的当代价值［J］.理论月刊，2008（10）：153-156.
② 郭瑞民.中国的礼仪文化［M］.芜湖：安徽师范大学出版社，2012：2.
③ 龚展，乌画.基于社会控制视角的当代礼仪建设研究［J］.求索，2013（3）：263-265.
④ 段尔煜，张光雄.核心价值观视域下现代礼仪之构建［J］.吉首大学学报（社会科学版），2019（4）：37-43.

## （二）礼仪的分类

《礼记·礼器》中记载："经礼三百，曲礼三千。"①可见礼仪的内容驳杂、仪节繁复。由于礼仪涉及的方面众多，涵盖的范围广泛，因而礼仪的分类也是多角度、多方位的。古代社会根据不同场合、不同仪式划分为五礼，即吉礼、凶礼、宾礼、军礼和嘉礼。吉礼是祭祀的礼仪，以求吉祥；凶礼是哀悼吊唁忧患之礼，以表尊重；宾礼是接待宾客的礼仪，以示礼貌；军礼是与军队、军事活动相关的礼仪；嘉礼则是日常生活中用到的礼仪，如饮食之礼、婚冠之礼、贺庆之礼等。礼仪典籍"三礼"对不同礼仪、礼法、礼义作了详细的记载和解释。《周礼》作为"三礼"之首，记载了古代官职的职权、义务等，是研究西周和春秋战国时期的重要史料。如井田制、分封制以及秦汉的五刑、田制、乐舞等；还记载了人民对国家的义务，包括纳税、负担力役、兵役等。此外，还有与农业、工艺、礼俗等方面相关的内容。《仪礼》是先秦五经之一，记载了冠、昏、丧、祭、朝、聘、燕享等典礼的详细仪式，阐述了春秋战国时期士大夫阶层的礼仪。研读此文本可以了解封建贵族的繁文缛节，考见古代宫室、舟车、衣服、饮食等日常生活情形，以及宗教信仰、亲族制度、政治组织和外交方式等。《礼记》记载和论述了先秦的礼制、礼意，作为《仪礼》的解释文本，是研究先秦社会的重要资料。该书内容广博、门类繁多，涉及政治、法律、道德、哲学、历史、祭祀、文艺、日常生活、历法、地理等诸多方面，集中体现了先秦儒家的政治、哲学和伦理思想。如《礼记·礼运》记录了饮食和居住文化的礼仪；《礼记·内则》记载了家庭生活礼规；《礼记·大学》则讲述了师生之间的礼仪等等。

礼仪作为中华传统文化资源，因时损益、有所增减。到了现代

---

① 阮元.十三经注疏[M].北京：中华书局，1980：1435.

社会，礼仪的分类更加侧重于实用性和操作性。按应用范围划分可以分为个人礼仪、家庭礼仪、公共礼仪、职业礼仪、涉外礼仪<sup>①</sup>等；按场合需要可以划分为公共礼仪、交往礼仪、应酬礼仪与个人礼仪四个部分<sup>②</sup>。礼仪的不同分类是为了让当代大学生学习和了解礼仪，做到明礼、守礼、行礼，掌握人际交往中的基本行为规范，更高效地与他人展开合作，更好地融入社会。

### （三）礼仪的嬗变

礼仪随着人类社会发展而发展，每个时期都有着与之相对应的礼仪文化，这些不同时期的礼仪兼具继承性和局限性。

#### 1. 原始时期

原始时期是人类社会的发展的第一个阶段。当时，生存环境恶劣，生产力水平低下，人类对事物的认知不足，人际交往没有固定的方式和规则。人类为了协调主观欲望与客观环境之间的矛盾，维持群体生活的自然人伦秩序，逐渐积累了一系列的秩序规则，这些秩序规则就是最初的社会礼仪。

这一阶段的礼仪主要是祭祀仪式：一是祭祀人类的祖先，二是祭拜自然天地之神。一方面，对于原始人类来说，人的生命现象充满了神秘感，而生命的死亡对于崇拜万物皆有灵的原始人类来说，并不是终结，而是以另一种形式存在于另一个世界，这种存在对现世活着的人们又产生了各种影响。因此，原始人类对祖先尤为尊敬，每逢重大节日都会举行祭祀仪式。人类祭祀祖先是基于对祖先的崇拜，这种仪式的对象不是抽象的事物，而是具体到氏族之祖、部落之长，并逐渐形成了一整套祭祖仪式。另一方面，原始社会的生活水平不高，对事物的认知尚浅，早期的人类对一些无法解释的自然现象，就把它归为自然的神力，潜意识里把自然的力量神秘化，形

① 蒋璟萍. 礼仪教程 [M]. 北京：清华大学出版社，2021：5-6.
② 金正昆. 大学生礼仪：微课版：5 版 [M]. 北京：中国人民大学出版社，2023：1-2.

成了对某些神灵的崇拜，开始用祭祀的方式来拜祭这些神灵，以期得到神灵的庇护，保证粮食作物的丰收、保佑子孙后代的繁衍等。

原始时期由于处于最原始的状态，没有阶级的区分，因此，这一时期的社会礼仪突出的特点就是简朴，体现人类对自然天地之神的崇拜，反映了古代人类的伟大智慧，对后世意义重大。

### 2. 商周时期

到了商周时期，社会礼仪发生了一些变化，开始逐渐带有阶级色彩。奴隶主为了维护自身的阶级统治，使社会礼仪更加符合他们的意愿，使被奴隶的群体更加服从他们的统治，不惜利用各种手段，对先前保留下来的礼法习惯进行了有选择的改造和删减。从某种程度上而言，此举加强了个体间的联系，协调了社会组织间的关系，促进了地方间的交流与合作，具有一定的积极意义。

这一时期的礼仪主要是为了划分等级，明确奴隶主与被奴隶主之间的等级关系。孔子曰："君君，臣臣，父父，子子。"这一表述体现了当时的社会具有鲜明的等级性，充满了浓厚的阶级味道，在某种程度上巩固了奴隶主的统治地位。商周时期的礼仪其核心是宗法制度，即根据血缘上的远近来划分层级，从而形成不同的等级层次。血缘亲疏与政治地位的高低是一致的，并依据血缘关系来分配政治权力。从宗法来看，有大宗、小宗的区别；从政治上说，有天子、诸侯、卿大夫、士四个等级，而诸侯中有公、侯、伯、子、男五等，卿大夫、士又各分上、中、下三级。周朝的政权是一个金字塔式的等级组织，以周天子为金字塔的顶端，每个等级的成员有自己特定的权利、义务和物质利益。每个等级都对应一定的礼仪，贵族有贵族的礼，卑贱者有卑贱者的礼。而天子、诸侯、大夫是高贵的一等，庶人则是低贱的一等。庶人有庶人的礼仪，如同天子、诸侯、大夫有其相对应的礼仪一样。

### 3. 汉唐时期

汉唐时期由于实行中央集权制度，权力集中到皇帝手中，唯有皇帝才拥有最高的政治权力，官员们都要按照最高统治者的旨意办理事务、统治人民。这一时期的礼仪核心是"三纲五常""君权神授"，"三纲"即君为臣纲、父为子纲、夫为妻纲，"五常"即仁、义、礼、智、信。但"君权神授"过分夸大和神化了君主的权力，使得人的个性得不到发展，严重阻碍了个体间的交流。

跪拜礼仪是这一时期表现尊卑贵贱的重要礼节，跪拜是跪而磕头，是臣服、崇拜或高度恭敬的表现。仅是跪拜，就有一跪三叩首、二跪六叩首、三跪九叩首的差别，形式烦琐、复杂。按程度可分为稽首、顿首和空首，适用于不同等级的对象。按场合可分为震拜、吉拜和凶拜，适用于不同的生活场景。跪拜礼仪从心理上贬低了行礼者的人格尊严，带有明显的等级色彩。汉唐时期的礼仪逐步成为统治者统治人民的工具，且以法律的形式逐渐完备和合法起来，形成特有的社会礼仪文化，其时代性和继承性也得到了发展和补充。

**4. 民国时期**

随着西方文化大量地涌入，中西方文化交流日趋频繁。到了民国时期，社会秩序和礼仪习俗发生了更大的变化，礼仪文化也逐渐具有了西方文化的特点。

辛亥革命之后，当时的中国社会西方文化盛行，传统的那套规则、制度受到了冲击，逐渐被西方"德先生"和"赛先生"的观念替代。人们的社会生活也发生了很大的变化，古代礼仪中烦琐复杂的部分逐渐被人们抛弃，取而代之的是具有融合味道的礼仪，这些礼仪兼具中国的传统特色和西方的文化色彩。人们在平时生活中，越来越多地参考了西方传入的文化习俗，男人们越来越注重绅士风度，女人们越来越注重淑女规范。如人们剪掉长辫子，留起了短发；脱去传统的长袍马褂，穿上了西装；女人释放了小脚等。这些传统形式的改变，不仅反映了时代的进步和发展，也剔除了相对封建落后的习俗，使得礼仪文化更加纯净，更加符合时代发展的客观条件。这一时期的礼仪虽然是在西方文化的冲击之下形成和发展的，但在某种程度上确实增强了中西方礼仪文化的交流，促进了中国传统的社会礼仪与西方文化的融合。

### 5. 中华人民共和国成立以来

回望历史，古人关于"礼"的思想言论、经典著作对后世意义深远，即便是在物欲横流的当今社会，礼之内涵和意蕴对丰富人们精神世界仍具有重要价值。"社会礼仪是指人们在社会性的交往活动中所逐渐形成的社会行为规范与社会行为准则，包括社会性的礼节、礼貌、仪式、仪表等。"①中华人民共和国成立以来，人们的生活发生了巨大变化，在人际交往中通常采用简单易行的礼仪形式，其表达礼貌、礼节的方式更加符合现代人的生活和现实需要，这体现了礼仪的时代性。随着时代的发展，更需要以全面的视角去分析礼仪文化，而不是盲目地、片面地遵循古代烦琐、落后、愚昧的部分。礼仪不仅是社会环境沉积下来的习俗，更是人民礼仪道德的规约。其发展是"道德建设之要义，是社会主义精神文明建设之重要内容"②。

## 二、礼仪教育的概念、内涵及原则

### （一）礼仪教育的概念

关于礼仪教育的定义，学者们从不同角度进行了界定。王贺兰认为礼仪教育是指根据社会交往活动中的礼仪规范，有目的、有计划、有组织地对受教育者施以全面系统的影响，使之掌握礼貌、礼节、交往程序等，学会表达尊重和敬意的活动③。李树青、国金平认为现代礼仪教育是社会或组织为了实现一定的目的，有计划地对人们进行系统的以礼仪道德基础知识和礼仪行为规范为内容、以受教

---

① 陈明富.社会礼仪与汉语词汇关系刍议［J］.科学经济社会，2013（3）：143-147.

② 史锋.论礼仪的失落与重建［J］.安徽农业大学学报（社会科学版），2007（3）：100-103.

③ 王贺兰.当代中国青少年礼仪教育的反思与建构［D］.石家庄；河北师范大学，2010：26.

育者提高认识、陶冶情操、锻炼意志、养成良好行为习惯为目的而施加教育影响的过程[1]。高媛媛、郭淑认为新礼仪教育则是将礼仪的内涵、观念、表现形式通过一定的教育方式、手段进行传递，使受教者感受到礼仪文化的博大，做到内化于心、外化于行[2]。实际上，所谓礼仪教育就是关于礼仪的教育，它从属于教育学，是一项教育实践活动，主要是指运用礼仪相关知识内容施以教育，提高主体的礼仪涵养、规范其行为习惯，同时承载着传承和弘扬礼仪文化的重要任务。

### （二）礼仪教育的内涵

礼仪教育既要重视外在礼节仪式，更要关注内在礼义精神。经过长期的生活实践，礼仪已经逐渐固化为中华民族骨子里的文明基因。而其中敬让、诚信、仁爱、和谐等思想理念是礼仪教育深厚内涵的体现。

#### 1. 敬让规范

在塑造人际互动的基础框架中，礼仪教育着重突出了敬让的准则。这一准则不仅构成了礼仪教育的核心要素，而且为个体间的交流提供了根本性的指导原则。具体来说，就是要求交往的双方都要遵循敬让的规范，在社交场合中优先考虑年长、年幼以及弱者，对他们表示尊重和礼让，从而营造出和谐的个体生活氛围和稳定的社会总体秩序。"敬让"一词，其历史根源可追溯至《礼记》。在这部典籍中，"敬让"这一组合词汇被频繁提及。其中，"是故，隆礼由礼，谓之有方之士；不隆礼不由礼，谓之无方之民。敬让之道也"[3]，这句话强调了遵守礼仪即是实践敬让之道的体现，深入阐述

---

[1] 李树青，国金平.礼仪教育的地位及其作用［J］.中学政治教学参考，2012（9）：73-75.

[2] 高媛媛，郭淑新.社会学视角下的大学礼仪教育新探［J］.江淮论坛，2015（2）：189-192.

[3] 阮元.十三经注疏［M］.北京：中华书局，1980：1610.

了恭敬与礼让的哲理。进一步而言，"敬让以行，此虽有过，其不甚矣"[①]，这句话则指出，在公共社交活动中，如果个体之间能够恪守敬让的原则，即便在言语或行为上有所疏忽，其产生的负面影响也会相对轻微。这再次彰显了敬让规范在人际交往中的重要性和实用性。

在人际交往的过程中，敬让规范不仅作为基本原则检验个体的行为是否符合礼仪与道义，更在多个层面发挥着重要作用。一方面，它是塑造理想人格的道德基石。古人对君子人格的追求，追求其全面完善，而敬让规范便是这一追求中不可或缺的道德素质。"是以君子恭敬撙节退让以明礼"[②]"敬让也者，君子之所以相接也"[③]，这些论述深刻揭示了君子在社交中展现的恭敬与谦让，以及他们恪守的道德规范。在日常的人际往来中，这种精神引导我们自觉礼让、崇尚礼仪。另一方面，敬让规范是个体提升道德修养的重要依据。"毋不敬，俨若思"[④]"礼者，敬而已矣"[⑤]，这些论述凸显了敬让规范在道德修养中的核心地位。它不仅是高尚君子所体现的品质，更是广大民众、社会成员提升道德修养、涵养内在心性的重要参照。在公共生活中，一个人的礼仪修养不仅映射出家庭教育的成果，更成为衡量社会整体道德风尚与文明程度的标尺。因此，礼仪教育对于社会成员而言至关重要。它要求我们在相互交往中，时刻以敬让规范为镜，以高标准的礼仪规范为鉴，不断规范自身的言行举止，共同营造一个更加和谐、文明的社会环境。

### 2. 诚信观念

诚信观念，作为社会公共生活中人们普遍认同的价值准则，不仅是礼仪教育的基本内涵，更体现在日常人际交往的真诚与坦诚之

① 阮元. 十三经注疏［M］. 北京：中华书局，1980：1640.
② 阮元. 十三经注疏［M］. 北京：中华书局，1980：1231.
③ 阮元. 十三经注疏［M］. 北京：中华书局，1980：1692.
④ 阮元. 十三经注疏［M］. 北京：中华书局，1980：1229.
⑤ 阮元. 十三经注疏［M］. 北京：中华书局，1980：2556.

中。诚信即"诚"与"信"的交融，彰显出两种道德品行的和谐统一。正如《说文解字》所阐释："信，诚也，从人言。"这一表述揭示了"诚"与"信"之间的内在联系，它们作为相辅相成的品质，共同构成了人们应当追求的美好德行。诚信，本质上要求人们实事求是、言行一致，杜绝欺诈与虚伪。它代表着诚实守信、真实无妄的品质，体现了人们内心的真诚与对他人的信任。这种品质，既是天道赋予人类的本然属性，也是道德伦理的根本基石，更是人们立足于社会、与人交往的基本准则。"所谓诚其意者，毋自欺也。"①这句话强调了诚信的核心在于自我真诚，不欺骗自己。而"人而无信，不知其可也"②则进一步指出，缺乏诚信的人在社会交往中难以立足，更难以建立真诚的人际关系。因此，诚实正直成为了人们在社会中取得成功、成就人生的关键。

诚信作为中华民族数千年历史中流传下来的优秀品质，不仅是镌刻在中华民族儿女骨子里的道德基因，更在人际交往的过程中扮演着举足轻重的角色，对社会的和谐发展具有深远影响。"儒家伦理诚信主要依赖人情、习惯、传统、舆论及个人良知作保障，是一种软约束，而不像法律诚信那样可以通过刑罚加以强制。"③一方面，诚信观念进一步升华了个体的道德修养。"诚者，天之道也；思诚者，人之道也"④"诚者，天之道也；诚之者，人之道也"⑤深刻揭示了诚信作为上天赋予人类本性的真谛，以及追求诚信在做人过程中的核心地位。诚信在日常交往中表现为诚实、诚恳、忠诚等一系列朴素的品质，这些品质是人类美好品质的集合。汉代董仲舒将诚信纳为五伦道德规范之一，这进一步强调了诚信在人格塑造和人际交往中的重要作用。诚信的道德观念已经深深植根于人们的心中，

① 阮元.十三经注疏［M］.北京：中华书局，1980：1673.
② 阮元.十三经注疏［M］.北京：中华书局，1980：2463.
③ 涂可国.儒家诚信伦理及其价值意蕴［J］.齐鲁学刊，2014（3）：19-25.
④ 阮元.十三经注疏［M］.北京：中华书局，1980：2721.
⑤ 阮元.十三经注疏［M］.北京：中华书局，1980：1632.

成为现代社会人们立身、交友的基本准则。"自古皆有死，民无信不立"①"老者安之，朋友信之，少者怀之"②，这些都表明诚信对于个人自立、社会关系和谐的重要性。诚信不仅是百姓自立的基石，更是处理广泛社会关系的必备道德素质，它让人际关系更加顺畅、稳定、和谐。另一方面，诚信观念是人格范型的价值追求。古代君子作为一种典范和理想的人格形态，长久以来受到了世人的尊崇和效仿，成为了人们自律和自我约束的道德参照。此外，诚信也体现在人们处理复杂人际关系的道德选择上，成为品德高尚者不可或缺的品质。"君子义以为质，礼以行之，孙以出之，信以成之。君子哉。"③这句话充分彰显了君子通过诚信这一道德素质来实践和体现礼仪规则下的道义，同时，强调了诚信是德行和善念的基础，更揭示了德行和善念是诚信的深化和提升，是君子之所以被尊称为君子的根本所在。

### 3. 仁爱情怀

仁爱情怀是个人进行友好社交、发展人际圈层的重要前提，伦理道德作为个体生活与社会秩序的基石，其深层设计维系着生命与社会的和谐。仁爱情怀作为礼仪教育的核心内容，是中华民族精神的象征，在人们的日常互动和道德实践中起到德行标准的作用。在中国社会中，仁爱被赋予了普遍而深刻的意义，是广泛意义上的大爱，被视作人性中最本质、最核心的特质。在现实生活中，仁爱不仅体现了个体的道德良知与品格，更是内心深处对家庭与亲情的情感之表达。"仁也者，人也。合而言之，道也。"④这深刻揭示了仁爱的本质——它是人性与道德的完美结合。"仁远乎哉？我欲仁，斯仁至矣。"⑤这句话则进一步强调，仁爱并非遥不可及的高远境界，而

---

① 阮元．十三经注疏［M］．北京：中华书局，1980：2503.
② 阮元．十三经注疏［M］．北京：中华书局，1980：2475.
③ 阮元．十三经注疏［M］．北京：中华书局，1980：2518.
④ 阮元．十三经注疏［M］．北京：中华书局，1980：2774.
⑤ 阮元．十三经注疏［M］．北京：中华书局，1980：2483.

是源自于人们内心深处的同情与关怀，即"恻隐之心"。这种情感不仅根植于家庭亲情的深厚土壤中，更能够扩展到对所有人的广泛仁爱之中。

礼仪教育的核心旨趣在于塑造个体的高尚品格，推动其综合素养的全面提升。通过礼仪教育，帮助个体形成与礼仪规范和人伦道义相契合的思想观念与行为习惯，进而达到真实、善良、美好的境界。礼仪教育的深层内涵，即它所蕴含的仁爱精神，是人际情感交流中的共同认可，维系着人与人之间的感情。一方面，仁爱情怀是个体情感升华至民族情感的情感之需。"所以谓人皆有不忍人之心者，今人乍见孺子将入于井，皆有怵惕恻隐之心。"[1]见幼儿掉入井中出于本能的怜悯上前相救，彰显了超越个人关系、荣誉与利益的纯粹情感。同情与仁爱，是人类与生俱来的情感特质，自然而然地流淌在我们的血脉之中。为了弘扬这种美德，我们更应将其从小我之中提炼出来，将仁爱之心、博爱之情广泛地传递给社会各个成员。这样的情感共鸣不仅增强了人们的仁爱、怜悯与恻隐之心，还赋予了这种向善、向美的力量以更强的公共性和民族性。通过在社会生活和情感实践中的不断实践，这种美德被中华民族世代相传，成为礼仪教育不可或缺的重要内容，成为世代相袭的宝贵财富。另一方面，仁爱情怀是个体由单元理性升华至社会理性的会通之点。儒家所倡导的仁爱理念，不仅合乎情理、符合道义，更是一种道德精神的体现。它倡导将个人的情感升华为人与人之间的大爱，鼓励每个人以他人的礼仪行为为镜，持续自省并修正自身的不当行为，使之与社会道德标准相符。在实际生活中，我们应将仁爱的理念融入言行，使之在社会中得以弘扬和实践。要实现这一目标，关键在于将礼仪教育中的仁爱精神进行深化与转化，从个体的局限理性中跳脱出来，将其融入到公共生活和社区共同体之中，从而营造出一种充满关爱、

---

[1] 阮元.十三经注疏 [M].北京：中华书局，1980：2691.

富于人情的社会氛围。

### 4. 和谐理念

和谐理念作为礼仪教育的根本内涵，不仅为礼仪体系的完善提供了坚实的思想支撑，更深入地揭示了礼仪教育的真正意义，其目标在于构筑一个和谐且稳定的社会生态。在古代，君主们亦将和谐作为治理国家和社会的核心追求，这种和谐基于对不同差异的尊重和融合。如今，这一承载着中华优秀传统礼仪精神的和谐理念，依然在社会发展中发挥着积极作用，成为实现"各美其美，美人之美，美美与共，天下大同"（费孝通语）这一美好愿景的重要指导。"喜怒哀乐之未发谓之中，发而皆中节谓之和。中也者，天下之大本也；和也者，天下之达道也。致中和，天地位焉，万物育焉"①"礼之用，和为贵。先王之道，斯为美，小大由之。有所不行，知和而和，不以礼节之，亦不可行也"②。和谐不仅被视为天下之大本，亦被视为达道之所在。通过实现中和之道，天地得以定位，万物得以繁衍生息。在礼仪的运用中，和谐更被视作最为宝贵的品质。先王之道，皆以此为美，无论大小事务皆遵循其理。然而，和谐并非无原则的调和，而是在遵循礼节的前提下达成和谐，否则亦难以行得通。因此，和谐理念不仅是国家治理的重要理论依据，更是中华文化的主导思想，深深植根于华夏民族的共同心理和公共生活之中。

"礼之本是人的性情，人的真情实感。在表面上看起来，礼的作用是板着面孔做分别，人与人之间的分别，但据有若说，礼实际上所要得到的是人与人之间的协和。"③在构筑和谐社会环境的过程中，基础在于促进个体的身心和谐，这种内在的和谐状态是建立并维持群体间和睦关系的前提。进一步说，这不仅仅体现了个体良好的道德素质，更是对中华民族独特道德哲学和生存智慧的深刻体现。

---

① 阮元.十三经注疏［M］.北京：中华书局，1980：1625.
② 阮元.十三经注疏［M］.北京：中华书局，1980：2458.
③ 冯友兰.中国哲学史新编（上卷）［M］.北京：人民出版社，2007：112.

一方面，和谐理念是个体自我系统和谐的理论之源。礼仪教育所蕴含的和谐思想内涵深邃、外延广泛，而要维系一个社会大环境的和谐舒适与美好融洽，首要任务是培养创造物质财富和精神财富的个体内在的和谐状态。"天时不如地利，地利不如人和"①"见贤思齐焉，见不贤而内自省也"②凸显了"人和"的至高地位。在"天时""地利"与"人和"三要素中，"人和"被置于最核心的层次，强调通过团结协作、人心所向，方能达成最终的胜利。而个体身心和谐的达成，依赖于通过内省与慎独的方式来进行自我反思。这种道德涵养的过程，能够润泽人心，引导个体向善。正因为有了和谐思想作为理论指引，个体在追求身心修炼与完善的道路上，方能明确方向与目标，最终实现自我身心系统的和谐统一。另一方面，良好的社会环境构筑离不开和谐理念的文化基石。实现并维持社会的和谐氛围，不仅依赖于个体内在心态的平和与人际关系的和谐，同样离不开社会和谐环境的有力支撑。除了通过礼仪教育来锤炼和提升个体的道德情操，我们亦须倚重社会环境对于和谐氛围的培育作用。"和实生物，同则不继。以他平他谓之和，故能丰长而物归之。若以同神同，尽乃弃矣"③强调了和谐并非简单的相同，而是通过不同元素的相互协调与配合达到的平衡状态。"礼，经国家，定社稷，序民人，利后嗣者也"④揭示了礼仪在治理国家、稳定社会、规范行为等方面的核心作用。礼仪教育所追求的和谐目标，正是体现在这种国家治理、社会秩序维护和人际关系协调的实践中。它追求的是不同事物间相互协调与配合，以达成整体的平衡与和谐。和谐理念，作为礼仪文化的核心，不仅在"修身、齐家、治国、平天下"等方面展现出其深远影响，更是其他社会实践和社交活动得以顺利进行的前提保障，

---

① 阮元.十三经注疏［M］.北京：中华书局，1980：2693.
② 阮元.十三经注疏［M］.北京：中华书局，1980：2471.
③ 左丘明.国语·郑语［M］.上海：上海古籍出版社，2015：347.
④ 杨伯峻.春秋左传注［M］.北京：中华书局，1981：76.

为社会的安宁与稳定提供了坚实的基础。

### （三）礼仪教育的原则

礼仪教育作为一项教育实践活动，需要遵循一定的原则才能更加科学有效地开展，本文主要从教育内容、教育方法和教育经验三个方面展开论述。

#### 1. 传统与现代相结合

礼仪教育具有悠久的历史，在我国社会经过了几千年的发展，从时间维度上可以划分为传统礼仪教育和现代礼仪教育，但这两者的教育内容并不是孤立的，而是要遵循传统与现代相结合的原则。无论是传统礼仪教育还是现代礼仪教育，总是依托一定的教育内容才能开展。教育内容是礼仪教育的基本构成要素，在教育内容的选择、设计和安排上，要破除传统与现代二元对立模式，将两者结合起来思考和探索。因为"现代与传统之间根本无一楚河汉界，传统与现代实是一'连续体'，是不应、也不能完全铲除传统的"[①]。因此，礼仪教育内容要将传统与现代有机结合起来，正确、科学地认识两者之间的关系，不能强硬制造传统与现代的互斥对立状态。一方面，传统和现代在时空维度上具有连续性和延展性。在时间和空间的双重维度上，传统是过去的、旧有的存在，而现代是当下的、全新的存在，从传统到现代是时间上的连续发展；传统是区域的、保守的，而现代是普遍的、自由的，从传统到现代是空间上的不断延展。两者天然地存在着从过去到现在的自然发展规律。另一方面，传统和现代在内容要素上具有继承性和关联性。"江河万里总有源，树高千尺也有根"[②]，传统文化是中华民族几千年发展的历史总结，其中优秀传统文化是中华文明的智慧结晶和精华所在，是中华民族的根

① 金耀基：从传统到现代［M］．北京：中国人民大学出版社，1999：144.
② 任晓山．历史和人民选择了中国共产党——学习体悟习近平总书记"七一"重要讲话精神［J］．中国纪检监察，2021（15）：11-13.

和魂，是我们在世界文化激荡中站稳脚跟的根基。中华优秀传统文化是现代文化的基础，是现代文化形成和发展的宝贵资源。现代文化是中华优秀传统文化的延续和继承，是中华优秀传统文化的发展和创新。

### 2. 理论与实践相结合

从教育方法来看，礼仪教育在教学方法上要遵循理论与实践相结合的原则。理论与实践相结合的原则实际上是明朝思想家王守仁"知行合一"哲学理论的现代解读，"知"是认知、理论和知识，"行"是行为、实践和表现，两者的统合不是简单结合，而是知中有行、行中有知，以知为行、知决定行，更进一步可以将知与行的关系概括为知是行之始，行是知之成。因此，礼仪教育在方法上要坚持理论与实践相结合，一方面，礼仪教育的知识体系、理论内涵是开展实践的基本和前提，是各项活动的学理支撑；另一方面，通过行为实践才能进一步理解知识、深化理论，真正把所学知识运用到实践中。通过两者的紧密结合，探索更加多元化的教育方法和形式，激发学习兴趣、提高学习积极性，这样才能更好地提升礼仪教育的功效。

### 3. 东方与西方相结合

教育的发展不是孤立存在的，需要借鉴多方经验，取其精华、去其糟粕，并加以选择性地利用和继承。礼仪教育在教育实践中要结合国内外有益的教育经验，即遵循东方与西方相结合的原则。既从中国礼仪教育的实际情况出发，同时又要借鉴西方礼仪教育的有益经验，只有合理借鉴各方教育经验，才能有力推动礼仪教育的长远发展，充分展现礼仪教育在新时代的魅力与活力。一方面，要把握东西方礼仪教育中具有共性的东西。东西方礼仪教育都强调对个体日常生活、集体秩序的规范作用，这是开展礼仪教育需要重点把握的内容；同时要剔除不合时宜的内容，使其与时俱进、同步更新。另一方面，要认识到东西方礼仪教育存在差异的地方。东西方礼仪教育根植于不同的文化，彰显着各自的教育理念。如西方将礼仪教育与公民道德教育、学校道德教育相结合，全面渗透礼仪教育①等，这些有益的教育经验是开展礼仪教育需要学习和借鉴的。

---

① 蒋璟萍.东西方礼仪教育之比较 [J].湘潭大学学报（哲学社会科学版），2006（5）：144-148.

# 第四节　中西方思想资源

## 一、中国关于礼仪教育的思想资源

### （一）习近平传统文化观

"文化，就是吾人生活所依靠之一切；文化之本义，应在经济、政治，乃至一切无所不包。"①文化是个人生活所依靠的实际存在的东西，记录着人类文明的进步与发展、推动着人类创造力的迸发与产生。传统则是相对现代而言，传统指"世代相传的东西，即任何从过去延传至今或相传至今的东西"②。传统文化则是指历史上形成的、反映民族特质、展现时代特征的文化，从不同的维度看传统文化分为不同的内容。中华优秀传统文化是中华民族生生不息、文明延续的文化源泉，是社会主义核心价值观的文化根基，而习近平传统文化观则是新时代中国特色社会主义文化的重要组成部分。党的十八大以来，习近平同志多次在讲话中引用传统经典、强调要弘扬中华优秀传统文化，加强对本民族优秀传统文化的创新性发展和创造性转化。中华优秀传统文化是开展礼仪教育的宝贵文化资源，在教育实践中应加大挖掘力度，使其转化为新时代礼仪教育的重要教育内容。

"中华优秀传统文化是中华民族在漫长的历史发展过程中逐渐形成的文化成果"③，在历史形成过程中塑造民族性格、彰显民族精

---

① 梁漱溟.中国文化要义［M］.上海：上海人民出版社，2018：9.
② 希尔斯.论传统［M］.傅铿，吕乐，译.上海：上海世纪出版集团，2009：15.
③ 米华全，申小蓉.习近平传统文化观的三维解读［J］.毛泽东思想研究，2017（1）：54-57.

神，是中华民族宝贵的文化资源和精神财富。习近平传统文化观所蕴含的丰富意蕴对大学生礼仪教育有着积极的促进作用，使大学生能够立足新时代回望历史、继承传统。其一，文化自信。"文化自信是更基本、更深沉、更持久的力量。"①中华优秀民族传统文化是几千年来贤者哲人的智慧结晶，凝聚着本民族的独特创造，展现了中华民族的精神标识，为文明延续、社会发展提供了丰富的精神养分。习近平同志多次在不同场合运用中华优秀传统文化中的经典语句和思想，提醒我们要对中华优秀传统文化树立正确的认知，加强对本民族优秀传统文化的学习，只有不忘本来才能造就将来。其二，人文精神。中华优秀传统文化是精神层面的深层滋养，对人的精神面貌有着强大的提升作用。"文明特别是思想文化是一个国家、一个民族的灵魂。"②中华优秀传统文化中所具有时代意义的人文精神不仅是价值取向、理想追求和精神文明的体现，更是衡量一个民族、一个社会文明的重要尺度。中华优秀传统文化所涵摄的人文精神是古代社会主流价值的凝练、是人民精神力量的集中，对我们所处的当前时代具有重要的学习和借鉴作用。其三，道德建设。"精神的力量是无穷的，道德的力量也是无穷的。"③中华优秀传统文化蕴含着丰富的道德思想，凝结着崇高的价值追求，是社会主义现代化建设的宝贵资源。中共中央印发的《新时代公民道德建设纲要》中指出："要以礼敬自豪的态度对待中华优秀传统文化，充分发掘文化经典、历史遗存、文物古迹承载的丰厚道德资源……让中华文化基因更好植根于人们的思想意识和道德观念。"④从中华优秀传统文化中发掘道德资源，为大学生礼仪教育提供道德支撑。

在习近平传统文化观的指导下，每个人都应自觉加强对中华优秀

① 习近平.在哲学社会科学工作座谈会上的讲话 [M].北京：人民出版社，2016：17.
② 习近平.在纪念孔子诞辰 2565 周年国际学术研讨会暨国际儒学联合会第五届会员大会开幕会上的讲话 [N].人民日报，2014-09-25（2）.
③ 习近平.习近平谈治国理政 [M].北京：外文出版社，2014：158.
④ 中共中央国务院.新时代公民道德建设实施纲要 [N].人民日报，2019-10-28（1）.

传统文化的学习，发扬中华优秀传统文化中适应时代发展要求的积极内容，努力营造礼仪教育的浓厚氛围。大学生礼仪教育应当秉承习近平文化思想，坚持传承经典，弘扬中华优秀传统文化，从中华优秀传统文化中深挖礼仪教育的教育资源，做好传统礼仪教育的现代转化和创新工作，进一步提升大学生的文明礼仪和道德修养。

### （二）儒家礼育思想

儒家礼育思想作为中华优秀传统文化的构成部分，蕴含着丰富的教育思想与人文价值。对于个体而言，强调运用自我节制和内外兼修的教育手段形塑道德主体。其一，通过自我节制，约束情感言行。运用礼文化所蕴含的丰富内涵来感化个体，这种柔性和潜隐的方式在实际教育中往往能起到春风化雨、润物无声的效果。荀子作为儒家礼文化的集大成者，认为礼是人的本质属性，是社会性的道德存在物。关于人性，他提出"性恶论"，认为人的本性有恶与善的双向性，既有转化为恶的可能，也有发展为善的机会。要将人性指引到善的道路上，使个体成为德性之人，那么就要充分运用礼之"节"的思想，发挥"节"对人情的调控作用，培养个体的理性思维，提升自身的道德素质。

广义的节制是对欲望、情感的自我约束与控制，使得理性（道）与欲望、情感之间处于和谐状态[①]。节制思想是荀子在吸收诸子的思想后凝练总结形成的，强调作为社会成员的独立个体不能随心所欲、放纵言行，应通过学习领悟节制思想以培养理性思维，同时在社会生活中自觉进行自我节制教育。节制思想往往有三层涵义，一是节制人的基本情感，常言道"人之常情"，又言"七情六欲"，这些都表明人具有丰富和复杂的情感，"七情"一般指喜、怒、忧、思、悲、恐、惊，儒家提出"何谓人情？喜、怒、哀、惧、爱、恶、欲，

---

① 晏玉荣. 节制德性视域下荀子的"礼""欲"之辨［J］. 河南社会科学，2015（2）：83-87+123.

七者弗学而能"①。虽然具体的说法有所不同，但人的基本情感往往包含这几个方面，而需要节制的也是从这几个方面展开，以此控制情感，调和性情。二是节制人的欲望，"六欲"指眼、耳、鼻、舌、身、意的生理需求或愿望。"欲者、情之应也"②，说明欲望往往是由情感推动和激发的，节制人的欲望一方面把人对金钱、名利、权位追求限定在合理的范围内，一方面也是控制人的贪婪性和膨胀性，防止过度的欲望给人带来灾难。三是节制人的言行，人情和欲望的外化表现为人的言行举止，节制言行即要求注重自身的一言一行，以儒家礼育思想所强调的礼让、敬让、仁爱、中和等理念作为价值指引，在社会生活中谨言慎行，做到自我节制。

人作为社会性的高级动物，本身就是一个具有复杂情感的系统，要使这个系统保持和谐稳定，需要借助儒家礼育思想中的节制思想。人的和谐不仅在于外在形体强健，更重要的是通过节制人情实现心灵世界的和谐，实现自身与外界的动态平衡。人情有其合理性的一面，但同时要考虑到人是理性的动物，这种理性需要通过节制人情来培养和实现。儒家礼育思想强调通过礼将人的情感指引到合适的道路上去，如"礼者，因人之情而为之节文，以为民坊者也"③，说明礼可以帮助个体调节自我情绪，控制情感表达，在公共场合保持良好平和的心态，对社会发展中出现的个别现象理性对待，不盲目从众和跟风，自觉应用礼的价值内涵消除在培育良好社会风尚中所产生的不和谐因素。

其二，通过内外兼修，塑造君子人格。儒家礼育思想是一套宏大且深厚的思想体系，单纯从礼的角度来看，礼是由内里和外在构成的，包含形式与内涵两大要素，形式是外在的表现方式，可观可感；内涵是潜隐的文化价值，不易察觉。因而在行礼的时候往往会出现

---

① 阮元. 十三经注疏［M］. 北京：中华书局，1980：1422.
② 荀子. 荀子新注［M］. 北京：中华书局，1979：367.
③ 阮元. 十三经注疏［M］. 北京：中华书局，1980：1618.

重形式轻内涵，或以外在代替全部的情况，这两者皆不可取。"礼云礼云，玉帛云乎哉？乐云乐云，钟鼓云乎哉？"[①]孔子面对春秋时期权贵阶层奢靡成风的现状发出感叹，批评当时社会礼乐流于玉帛钟鼓等形式而失去了原有的实质内容，在这种情况下使礼乐丧失了原本要表达的情感而流于形式。礼合乎人情道义才成为礼，而不是拘泥于表达的方式；乐同样需要合乎情感精神才称为乐，否则只是空有形式而无内容的存在。孔子的这番话是对礼乐价值的最高评价，礼乐本身蕴含着一种积极向上、无限生长的力量，是人的情感和德性的最好表现方式。

从礼的形式与内涵中提炼出君子人格的修行方式，即要内外兼修，既重内在也重外在，外在形象是给人留下初次印象的关键，而内在德性才是支持良好外在形象长久保持的根本。君子人格一直是儒家理想人格的追求，其内涵或标准可以概括为"仁、义、礼、智、忠信、勇、中庸、和而不同、文质彬彬与自强"[②]。内外兼修是塑造个体具备君子人格的重要方式，其无外乎"修己"和"安人"两个方面，这两个方面与内在、外在一一对应。所谓"修己"就是运用儒家礼育思想进行自我教育，多从古代贤者身上学习其精神、品质，多以礼的规范准则约束和调控自己，努力提升自我礼仪素养和道德修养；"安人"从更高的视野对塑造君子人格提出了要求，强调个体欲培育君子人格，仅仅是自我修炼是不足够的，还要让身边人安宁、让社会成员安乐，多以礼的价值理念规劝和引导他人，多以礼的精神内涵感化和教育他人，带动他人自我修行、向善向美，在社会中形成一种以君子人格为人格标杆和修行标准的美好社会风尚。

### (三) 德育原理

德育的思想自古有之，中国古代德育以妥善处理人际关系为教

---

① 阮元.十三经注疏 [M].北京：中华书局，1980：2525.
② 彭彦华.君子人格的诠释及其现实价值 [J].孔子研究，2019（3）：53-65.

育目标，提倡人性的真善美。德育从狭义上看专指道德教育，广义上则是相对于智育、体育、美育来划分的。《辞海》关于德育的定义是："德育是以一定的社会要求，进行思想的、政治的和道德的教育。同智育、美育、体育有密切联系。中国学校中的德育，是使学生掌握社会发展规律的知识和社会主义道德规范，具有革命的理想和共产主义的思想品德。"即强调学校德育具有与时俱进的特点，符合时代需要和社会发展。

大学生德育是指"对大学生进行思想政治教育、法制教育和心理素质教育的总称"[①]。德育是高校教育的重要环节，是大学生形成正确的道德认知、道德情感的关键。大学生德育理论是开展大学生德育的依据，是进行道德教育的理论来源和学理支撑。第一，大学生德育其教育对象是大学生，是教育者对受教育者实施的积极的、主动的教育指导和影响的过程；第二，大学生德育包含多个环节的内容，是知、情、信、意、行五个过程的统合；第三，大学生德育的最终目标是实现知行合一，将理论转化为实践，使外在行为优雅化。德育原理为礼仪教育提供了深层次的学理支撑，突出礼仪教育重视内在礼义的特点，强调从道德维度提升大学生的整体素质。

## 二、西方关于礼仪教育的思想资源

### （一）交往行为理论

交往行为理论是德国社会学家哈贝马斯在 20 世纪 80 年代提出来的，他认为，人们身处的世界由客观世界、主观世界和社会世界等三者构成，分别对应可以感知和可以把握的物理世界、言语者的意识状况或精神状况的世界以及基于合法规范而构成的人际关系世

---

① 李容芳.当代大学生德育教程［M］.昆明：云南科技出版社，2012：3.

界[①]。交往行为理论实际上把交往问题视作为社会问题来研究，交往行为理性是人类社会存在的基础。交往是人类社会实践活动的基本方式，是不同主体因各种需要而产生联系的实践活动，其本质是一种社会关系的体现。人是社会健康运行的主体，脱离了人，社会生产、文化、技术等都无从发展。而人与人之间的关系就像蜘蛛网上的结点，彼此之间存在着各种各样的社会关系，只有通过交往才能实现社会联系、推动文明进步。

"马克思从人的需要和满足需要的方式出发，认为社会交往是人类生存、活动、实践以及社会发展的一种重要方式，是人们为满足自身生存需要而进行物质生产的前提，是制约个人生存与发展的重要方面。"[②]社会交往是个人与个人、群体与群体之间加强联系的重要手段，首先是为了满足个人生存的需要，继而发展到传播文化、促进交流、丰富思想等方面，进一步满足更深层次的需要。"作为社会运行主体的人不是生物有机体意义的'自然人'，而是经过社会化并且获得社会性的'社会人'。"[③]交往是人与人之间互通往来的一种方式，是人脱掉"自然人"的外衣向"社会人"转化的途径。大学生作为独立个体，在实际生活中往往通过各种实践活动与他人产生各种联系。社会交往理论强调的首先是人的社会属性，其次是对自我需要的正确认知。大学生需要的不仅是知识、技术等物质层面的东西，更重要的是礼仪素质、道德涵养等精神层面的提升。礼仪教育对人际交往具有重要的指导作用，需要以社会交往理论为基础展开广泛的礼仪教育。社会交往理论为礼仪教育的目标提供了明确的指引，即建立良好的社交网络，维系群体的和谐关系。

① 哈贝马斯.交往行动理论：行为合理性与社会合理化［M］.曹卫东，译.上海：上海人民出版社，2004：75-82.
② 邓伟志.社会学辞典［M］.上海：上海辞书出版社，2009：47.
③ 毕天云.礼：社会运行的基本规范［J］.福建论坛（人文社会科学版），2018（4）：151-158.

## （二）礼仪教育思想

礼仪教育不是中国独有的教育方式，在西方社会同样注重礼仪教育，形成了独具特色的礼仪教育思想。其一，洛克的礼仪教育思想。洛克的礼仪教育思想是其教育思想的重要内容，是绅士教育的必修科目。究其根源，洛克的哲学思想为其礼仪教育思想的形成和发展奠定了基础，他认为"观念不是天赋的，而是后天获得的"[①]，由此说明礼仪的习得也是后天学习和训练的结果，并不是天生就有的。从绅士教育的角度看，洛克的礼仪教育思想实际上立足于资产阶级上流社会，旨在通过礼仪教育为上流社会培养懂礼节、讲礼貌、举止文雅、有风度的绅士。礼仪教育的具体内容包括礼仪修养、社交礼仪、礼仪文书等，礼仪修养体现了一个人的基本素养，只有自身举止行为合乎礼仪，才能进行良好的社会交往、建立和谐的人际关系。礼仪修养除了是一种素质的体现，规范人的行为之外，还展现了一种谦卑、谨慎、敬让的态度，这种态度能够在日常生活中帮助人们收获良好的关系、成功的事业。社交礼仪是个人在开展社会交往时所运用的礼仪，是在自然属性基础上获得社会属性的重要途径。社交礼仪主要是为了使绅士能够在上流社会处理和应付各种事情，在与人交往、交谈时尊重他人，不打断他人讲话，培养良好的礼仪习惯。礼仪文书是在与人交流过程中所运用到的文书表达，是加强交流和联系的重要工具。既要注重文书文字表达、语言流畅，同时也要注重用语合适、礼貌谦虚。洛克的礼仪教育思想在个体成长、人际交往等方面具有一定的积极作用，通过礼仪教育让人"养成温文尔雅、谦恭有礼的习惯"[②]；同时也存在着一些不足，如他的礼仪教育思想具有阶级性，把礼仪教育作为培养上流社会绅士的手段，把眼光局限于贵族阶级，具有一定的局限性。

---

① 张焕庭.西方资产阶级教育论著选［M］.北京：人民教育出版社，1979：55.
② 洛克.教育漫话［M］.杨汉麟，译.北京：人民教育出版社，2005：82.

其二，伊拉斯谟的礼仪教育思想。伊拉斯谟是西方文艺复兴时期尼德兰人文主义者，阐释了以礼仪教育为核心的社会改造理想，并提出"人并非生而为人，而足教而为人"[①]的儿童礼仪教育思想。他将教育对象聚焦于儿童，一方面是因为儿童未被复杂的人类社会所腐蚀，正适合被社会施以价值引导，通过学习社会伦理、道德秩序等极强公意性价值的行为举止，形成儿童群体的价值认同和社会认同[②]。另一方面是因为当时的西方社会贫富悬殊，普通家庭很难支撑儿童的教育，所以他将社会改革的理想寄托于上层社会的儿童身上。伊拉斯谟的儿童礼仪教育内容主要是基于身体规范的礼仪教育，细分为身体、服饰、饮宴礼仪、卧室举止等内容，其中身体语言、社会规范是核心内容。儿童身体的各种表现直接反映了个体的基本素质，这些身体行为模式将伴随其一生，因而有必要加以引导和教育。服饰的穿着和搭配也反映了生活的品味和品性，适宜、优雅、简洁、大方等才能给人一种舒适、愉悦的美好印象。饮宴礼仪则强调在与他人共餐时需要培养的良好习惯。虽然伊拉斯谟以儿童为对象开展礼仪教育，实际上他试图在儿童礼仪教育的基础上制定一套人人有效的行为方式，使人与人之间的关系更亲近，进而为开展更广泛的社会交往奠定基础。伊拉斯谟儿童礼仪教育的目标是通过基于儿童身体的礼仪指导，重构文艺复兴时期的文明观，进而形塑新的社会秩序[③]。他的儿童礼仪教育思想在内容和方法上对后世具有一定的启迪作用，但并未完全超越时代局限，在某些方面是不完善的、模糊的，甚至是不合时宜的。

---

① ERASMUS, DESIDERIUS.A Declamation on the Subject of Early Liberal Education for Children [M] //Sowards, J. ed. Collected Works of Erasmus（Vol.26）.Toronto：University of Toronto Press, 1985：304.

② 尹璐，于伟."教而为人"——伊拉斯谟儿童礼仪教育思想管锥[J].教育学报，2018(3)：103-110.

③ 同上

# 第三章 新时代大学生礼仪教育的
内容、价值与目标

大学生礼仪教育既承载着继承和发扬中华优秀传统礼仪文化的重任，同时也体现了新时代的发展特点。因而，需要明确新时代大学生礼仪教育的内容，为后章问卷调查做好准备；阐释新时代开展大学生礼仪教育的价值和目标，发挥其积极作用，以多维目标为指引，推动礼仪教育的深入发展。

## 第一节 新时代大学生礼仪教育的内容

新时代开展大学生礼仪教育，主要选择与当代大学生日常生活息息相关的礼仪内容，从传统礼仪教育、家庭礼仪教育和学校礼仪教育三个方面展开，与后章调查问卷内容一致，通过实证分析进一步明确教育内容、把握当前现状。

### 一、传统礼仪教育

"礼作为一种文化深深融入中华民族的生活方式和生活习惯之中；像血液和精髓一样流淌在中华文明的'躯体'之中，构成了中华文明的灵魂与核心。"①礼仪文化是中华文化的瑰宝，是中华民族文明的表征。传统礼仪教育是大学生作为中华文明的传播者和实践者而必须知晓的礼仪内容，具体包括中华传统节日礼仪、不同阶段的重要仪式礼仪，并随时代发展衍生出新的特征和意蕴。

其一，传统节日礼仪是中华民族传统文化的重要组成部分，是中华儿女长期生活的仪式总结，以特定的时间切分、以特定的地点举行、以特定的形式开展。传统节日的形成过程是一个民族或国家历史文化长期积淀凝聚的过程，"传统节日多样化习俗按照一定逻辑构成井然有序的生活行为和文化谱系"②，记录了中华民族先祖丰富的社会生活，蕴含着深邃丰厚的文化内涵。民俗节日是人类文明进化发展的产物，是传承优秀传统文化的重要载体，其中涉及的各种礼仪是大学生了解传统文化的重要资源，本研究选择了几个具有代表性的传统节日（即中国四大传统节日：春节、清明节、端午节、中秋节），以期从这些节日中把握大学生对传统节日礼仪的认知和理解。

其二，不同阶段的重要仪式礼仪。人的一生要经历几个重要的转折点，这些时间点是人不断成长、成熟的标志。本研究选择了成人礼、婚礼、丧礼和祭礼来了解大学生对不同阶段的仪式礼仪的理解程度。第一，"成人礼是为承认年轻人具有进入社会的能力和资格而举行的仪礼"③，通过特定的仪式环节让受礼人接受伦理规训和道德启蒙，为社会"提供具有道德意识与行为合乎社会法度的新成员"④。现代的成人礼较之古代社会的成人礼，在年龄上有了很大的

---

① 张自慧.论"明礼"与"有德"——《公民道德建设实施纲要》颁行十周年的思考 [J].思想理论教育，2011（23）：25-29.
② 王丹.传统节日研究的三个维度——基于文化记忆理论的视角 [J].中国人民大学学报，2020（1）：164-172.
③ 萧放，贺少雅.伦理：中国成人礼的核心概念 [J].西北民族研究，2017（2）：165-174.
④ 王丹.传统节日研究的三个维度——基于文化记忆理论的视角 [J].中国人民大学学报，2020（1）：164-172.

改变，古代社会在十二岁、十六岁两个年龄节点举行成人礼，而现在的成人礼基本在 18 岁左右，大部分是由学校组织，举行全校性的成人礼仪式，邀请家长共同参与，庆祝孩子成人之喜。第二，婚礼是生命礼仪的一种，是人生重要的里程碑和转折点，不仅涉及到结婚的双方，更是两个家庭对新生家庭的美好期望与祝愿。婚礼相对成人礼来说，是显性的生命礼俗，涉及到双方心理转换、社会关系转变、社会责任增加、社会角色变化等多方面的内容。现代婚礼较之传统社会，在仪式、流程上有了一定的简化，时间也大大缩短，适应了时代发展和现代人的需求。第三，丧礼是有关丧事的礼仪，是对亡者肉体和灵魂的处理，并通过一系列的仪式来表达对亡者的哀悼和思念。现代社会在丧礼的形式上有了很大改变，从保护环境和生态平衡的角度取代了之前的土葬而实行火葬，亲属在保留传统丧礼仪式的基础上也融入社会发展的现实情况，有关丧礼的殡葬服务也日趋成熟、快速发展。第四，"祭礼是一种向天地、社稷、日月、先祖等神灵献祭的礼典"①。由于古人对事物的认知尚浅，社会的生产水平低下，对大自然和神灵充满了敬畏之情和崇拜之心，通常会准备食物祭拜，以祈求风调雨顺、国泰民安。现代的祭礼中封建、盲目的成分降低，更多的是科学、理性的思想观念，成为人们寄托情感的方式和表达祝愿的平台，逐渐演变成"继续维系与亲人的精神相处的方法"②，是表达生者对亡者的思念、后辈对祖先的崇敬的重要仪式。

## 二、家庭礼仪教育

"家庭是社会的细胞，是人们一切道德规范和行为习惯的渊

---

① 曹建墩.中国的祭礼［M］.南京：南京大学出版社，2014：1.
② 彭林.儒家人生礼仪中的教化意涵［J］.广西大学学报（哲学社会科学版），2017（2）：1-7+29.

源。"①家庭的礼仪教育对大学生的成长非常重要，是大学生接受道德启蒙教育的重要场所。家庭生活礼仪是家庭成员在日常生活中"用以沟通思想、交流信息、联络感情而逐渐形成的约定俗成的行为准则和礼节、仪式的总称"②。本研究将家庭礼仪教育细分为家庭成员礼仪、待客礼仪和外出礼仪。第一，家庭成员之间有着浓厚的血缘关系，彼此之间通过互相交流和沟通加强感情联通，在家庭生活中要有特定的称呼以示尊重，相互礼让和理解，晚辈对长辈要顺从、孝顺，以此构建和睦的家庭关系。第二，除了家庭成员内部的交流联系需要有固定的礼节，对待家庭以外的人员也需要有一套待客之礼。中国自古就是"礼仪之邦"，因而对朋友间的来往也更加重视，如何接待客人、送别客人是一个家庭教养、家风的体现。第三，外出礼仪反映了晚辈对长辈的尊重与顺从，外出与返回要告知父母，以防父母担心。正如"夫为人子者，出必告，反必面，所游必有常，所习必有业"③所述，这样才能形成上慈下孝、和睦温馨的家庭关系。现代家庭生活随着社会的变迁和发展，很多复杂的礼节逐渐简化，家庭成员之间更注重平等性、生活化，展现出新时代家庭的文明礼仪。

## 三、学校礼仪教育

学校是个体脱离家庭之后的第二教育场所，从幼儿园、小学、中学到大学，人生的大部分时间都是在学校度过的。学校是继家庭之后的重要教育场所，相对于家庭礼仪教育而言，学校的教育更加专业、科学、系统，大学生除了学习和掌握理论知识之外，更多要提升个人的礼仪素质和道德修养。学校礼仪教育是大学生在学校学习和生活中应当遵循的礼仪规范，涉及不同的主体、不同的场所和

① 李钰清.论家庭礼仪教育与青少年道德修养［J］.中国劳动关系学院学报，2010（4）：91-93.
② 胡孝红，陈运普.大学生礼仪修养［M］.厦门：厦门大学出版社，2017：47.
③ 阮元.十三经注疏［M］.北京：中华书局，1980：1233.

场合。本研究将学校礼仪教育细分为课堂礼仪、交往礼仪和公共场所礼仪。第一,大学生的主要任务是努力学习知识,完善知识体系。课堂是传授知识的地方,在这个神圣的地方必然有很多礼仪规范,只有了解并遵守与课上、课中、课下相关的礼仪规范,才能构建良好的课堂秩序,提升学习效率。第二,大学生脱离家庭之后,学校成为主要的生活和学习场所,在学校里与同学、老师朝夕相处,因而必须掌握一定的交往礼仪,展现出对同学、师长的尊重。如遇到老师要打招呼,及时汇报学习和生活情况;与同学相处要礼貌待人,使用文明用语,尊重他人、互帮互助等。第三,学校的图书馆、报告厅、大礼堂等公共场所是除课堂之外大学生接受多元化知识的地方,如何礼貌与他人交往、文明参与讲座、参加学术报告等,无不体现一个人的礼仪教养。此外,在宿舍、餐厅等场合,也要遵守相应的礼仪规定,在宿舍应避免大声喧哗,影响其他同学;餐厅就餐应文明排队、注重自身形象等。大学生在学校里学到的礼仪礼节不仅局限于学校生活中,在将来步入社会、进入工作岗位后同样发挥着作用,礼仪习惯的养成和道德行为的践行需要长时间的教育和熏陶。

# 第二节　新时代大学生礼仪教育的价值

新时代大学生礼仪教育是以礼仪文化为核心内容开展的教育实践活动，这项历史悠久的教育实践活动在个体、社会和国家三个维度具有重要价值。

## 一、个体维度

礼仪教育的对象是社会中的每个独立个体，通过礼仪教育使个体具备更加完善的社会属性，从而推动个体与个体之间的交际往来更趋理性，建立起符合礼仪文化的交往模式。

### （一）建立理性的交往模式

若将中国熟人社会的人伦关系视为一种独特结构，那么交往理性则无疑是陌生人社会在互动中铸就的基本价值取向。交往本质就是"共在的主体之间的相互作用、相互抵触、相互交流、相互沟通、相互理解"①。对于理性的理解，梁漱溟先生这样认为："理性、理智为心思作用之两面：知的一面曰理智，情的一面曰理性……"②而交往理性"就是为了共同的合理信念而确立起来的主客观世界的同一性及生活语境中的主体间性"③。在人与人的交往过程中，因涉及众多共同利益，如何在人情与理性间取得平衡，成为了至关重要的议题。"人（尤其是现代人）必定要生活在各种各样的公共生活样

---

①　衣俊卿.现代化与日常生活批判［M］.北京：人民出版社，2005：133.

②　梁漱溟.中国文化要义［M］.上海：上海人民出版社，2003：147.

③　哈贝马斯.交往行动理论：行为合理性与社会合理化［M］.曹卫东，译.上海：上海人民出版社，2004：10.

态当中，人无法成为公共生活之外的孤立的人。"[1]在现代公共生活中，个体无法孤立存在，而婚恋欺诈、网络诈骗等问题的频发，正是社会成员在交往中理性缺失的反映。因此，礼仪教育的重要性不言而喻，它为我们提供了从文化中寻找解救之道的可能，促进了具有中国特质的、理性的交往模式的新生。

首先，礼仪教育强调平等的交往心态。"平等"一词《说文解字》中解释为：平，语平舒也；等，齐简也。平等，即意味着在人格上无分高低，无论职业、地位如何，每个人都是独立的个体，应以理智和理性的态度处理人际关系，避免盲目崇拜或过分信赖。这种平等的心态，是真实情感表达和成功交往的基础，也是展现个人礼仪风度的关键。平等是交往的基础，在处理各种人际关系中扮演着重要的角色。只有交往主体在交往的实践活动中保持平等的心态，才能实现真实情感的表达和抒发，更有利于促使事件的成功，进而彰显自身的礼仪风度。

其次，确保交往的真实性。语言和行动是交往的媒介，观念、想法、情感等都通过这些方式传达。因而，确保真实性是形成理性交往模式的关键。真实是一个有礼之人的内在品格之一，是相对虚假而言的，虚情假意在交往中被大家所鄙夷，只有以不虚伪的态度真诚地表达，向他人展现坦诚的一面，才能促成有效的交流与沟通，才能达成和谐的人际关系，否则会引发各类问题，甚至危害社会的健康发展。如婚恋欺骗、网络诈骗引发的一系列问题，受害者或是出于情感的需要，或是来自家庭的压力，又或者是经济的纠纷，对对方信息、身份的真实性都无从确定，在非理性的情况下做出一些决定，最终导致自己的身心受到伤害。

最后，真诚的态度是交往中的核心要素。在中国传统社会中，人与人之间的交往一般处于一个"熟人社会"，彼此之间较为熟悉，

---

① 叶飞.当代道德教育的三重理性向度——兼论如何培育理性的道德人[J].南京社会科学，2019（7）：140-146.

其所处的环境也是由熟识的人形成的相对固定的生活群落。而在由陌生人组成的现代社会中，它是由形形色色的陌生人组成的一个公开的、广泛的区域，每个人的家庭背景、教育经历都不同，因而在交往中展现自己真诚的态度显得十分重要。礼仪教育所蕴含的仁爱情怀，其实就是善的一种表达，向善的力量是人与生俱来的，是一种超越种族、地域、物种的伟大力量，而这其中真诚的态度是其主宰。在与人交往中，坚持毋自欺、不欺人的基本原则才能使其行为和语言符合理性和礼义的道德标准，才能获得情感上的真诚相待，赢得他人的信任与尊重。交往是人生的必修课程，关系是不可避免的现实存在，通过礼仪教育培育平等意识、真诚态度，确保交往的真实性，从而解决社会问题，维护社会秩序。

### （二）重构礼让规范

交往是人与人之间特有的行为活动，礼仪教育的实施不仅为基于情感的交往理性注入了新的活力，更是为构建和谐礼让的社会规范提供了坚实的指导。中国社会说到底是注重人情的社会，社会化生活则是一个以人情为纽带，通过复杂人际关系编织而成的社群生活。人情是群体之间相互交往而形成的一种相对稳定的关系，这种稳定关系需要依靠相互之间的礼仪来维持。然而，在现代社会的喧嚣与快节奏中，礼仪的精髓似乎逐渐被遗忘，因此，重构礼让规范显得尤为迫切。

"礼仪始于原始人类时代，它是风俗、人情、祭祀等的综合产物。"[①]其形成本身就是一个不断发展、逐步系统化的过程，深受风俗习惯和人情世故的影响。正因如此，礼让规范的构建应当根植于对"贵人"与"和谐"理念的深刻认知中。其一，尊敬与礼让是中华民族传统美德的核心，但这种礼仪精神在现代社会的光芒似乎有

---

① 蒋璟萍.礼仪文化学的学科性质和体系初探 [J].大学教育科学，2013（3）：113-117.

所减弱。因此，构建礼让规范的首要任务是唤醒并强化"贵人"的意识。正如钱穆先生所言："礼必兼双方，又必外敬而内和。知敬能和，斯必有让。故让者礼之质。"① 双方主体的尊敬和礼让是实现良好表达和沟通的内在驱动力。《礼记·坊记》："君子贵人而贱己，先人而后己，则民作让。"②《礼记·表记》："君子恭俭以求役仁，信让以求役礼，不自尚其事，不自尊其身，贱于位而寡于欲，让于贤，卑己而尊人，小心而畏义。"③ 这些教诲同样强调贵人，即以他人为重，以自身为轻，尊敬礼让他人，把他人放在较高的位置，而自己以相对较低的姿态以示尊重，以贵人的态度与人相处，有利于形成互敬互让的良好风尚。礼仪文化所体现的贵人礼让的思想不止于文化层面，更是每个人内心深处的道德追求。

其二，以"和"为贵的处世哲学，是礼让规范不可或缺的原则。礼让在处理人际关系时展现出其独特的道德价值，强调在不破坏和谐的基础上，以恰当的方式表达敬意与尊重。《礼记·仲尼燕居》："敬而不中礼，谓之野；恭而不中礼，谓之给；勇而不中礼，谓之逆。"④ 以礼仪为指导来处理人际关系，运用和谐的处世理念，不仅有利于和谐人际关系的实现，更有助于群体之间形成和睦融洽的风尚，从而推动社会礼让环境的形成。"六尺巷"的故事讲述的是主人公张英以邻里关系为大、以和谐大局为重，彼此间互相礼让的故事。这个故事展现的是与人相处秉持的礼让态度，正是邻里间的礼让才形成了淳朴的民风，才建立了和谐的乡村社会。

礼仪是根植于每个中华儿女心中的传统美德，其蕴含的文明因素和道德精神对人际交往和言行举止有着深远的影响。因此，礼让规范的构建，旨在从传统文化中汲取智慧，通过礼仪教育加强礼让

---

① 钱穆.论语新解［M］.北京：九州出版社，2011：107.
② 阮元.十三经注疏［M］.北京：中华书局，1980：1618.
③ 阮元.十三经注疏［M］.北京：中华书局，1980：1638.
④ 阮元.十三经注疏［M］.北京：中华书局，1980：1613.

意识的培养，进而促进社会成员间的和谐共处与相互尊重。

## 二、社会维度

除了对个体及个体间的交往有一定的推动作用外，礼仪教育还能促进社会价值准则的衡定以及社会治理方式的创新。

### （一）衡定价值准则

"作为重要的哲学范畴，'价值'指的是主体对于客观存在的评估和量度，表现为'积极的或消极的意义'。"[①]公民对社会事物的认知深受其评判的价值标准影响，而只有当这些价值观念得到广泛认同，才能推动社会的发展与进步。当前社会存在诚信匮乏、价值观错位等问题，其根源在于缺乏与时代同步、合乎道德伦理的准则指引，未能构建一个引发社会共鸣的价值体系。为应对这些问题，我们需要从礼仪文化中寻找突破点，对现有的社会价值准则进行深度考量与调整，以引导公民形成积极、正面的价值观，进而营造一个风清气正的社会氛围。"社会核心价值观的内核是个人与他人关系中的基本行为准则，也就是人类的基本道德。"[②]社会主义核心价值观分别从个人、社会和国家三个层面提出明确的要求，而社会的进步与变迁最终是由人推动的。因此，对于个人价值准则和道德理念的塑造与评估，显得尤为重要。礼仪教育作为这一过程中的重要一环，其所蕴含的丰富理念对塑造个体的世界观、人生观和价值观具有深远影响。

首先，礼仪教育强调仁爱的价值观念，即在与他人相处中展现出的关怀与责任感。"仁义礼智信"中仁居于五常之首，可见其重要性非同一般，孔子所推崇的理想人格也需要具备这五个条件。《论

---

① 袁贵仁.价值观的理论与实践：价值观若干问题的思考 [M].北京：北京师范大学出版社，2006：4.

② 潘纬，玛雅.聚焦当代中国价值观 [M].北京：生活·读书·新知三联书店，2008：5.

语》中记载了两次樊迟问仁的情景,《论语·颜渊》:"樊迟问仁。子曰:'爱人。'"①,《论语·子路》:"樊迟问仁。子曰:'居处恭,执事敬,与人忠。'"②,即强调仁是在相处过程中对他人的一种情感表达和责任担当,"爱人"不是局限于对亲朋好友的关爱和照顾,更是一种宽大胸怀的博爱,在他人需要时候的点滴关怀。只有每个人都将仁的情怀敞开来,彼此之间互亲互爱、和睦相处,社会才能充满温情与和谐。

其次,礼仪教育注重正义的准则,即在社会生活中以公正、公平的态度处理各种关系。"在中华传统文化里,'义'指的是天下合宜之理、天下公正的道义。"③义作为一种道德素质,是比仁更为强烈的责任担当。它处于五常中第二位,国之四维的第二位,可见其重要程度。《论语·卫灵公》:"君子义以为质,礼以行之,孙以出之,信以成之。"④《论语·阳货》:"君子义以为上。"⑤这展现了君子的风姿,以义为上、以义为根本,追求自身的义,从而赢得别人的认可与尊重。正义不仅是个人品格的体现,更是构建良好社会风气的基石。人不是孤立的个体,而是处在各种各样的关系网中。只有以正义为准则,才能妥善处理人际关系,实现个人与社会的共同发展。

此外,诚信作为礼仪教育的另一核心要素,自古以来就是正人君子的必备品质之一。缺失了诚信这一基本道德品质,人恐怕很难在社会立足,更不用谈长久地生存下去。《论语·学而》:"信近于义,言可复也。""与朋友交,言而有信。"⑥这表明诚信作为从属于道德范畴的内容,是与人交往时应当遵循的基本准则之一。诚

---

① 阮元.十三经注疏 [M].北京:中华书局,1980:2504.
② 阮元.十三经注疏 [M].北京:中华书局,1980:2507.
③ 金正昆.孔子之"礼"新探 [J].江西社会科学,2017(5):243-249.
④ 阮元.十三经注疏 [M].北京:中华书局,1980:2518.
⑤ 阮元.十三经注疏 [M].北京:中华书局,1980:2526.
⑥ 阮元.十三经注疏 [M].北京:中华书局,1980:2459.

信是人与人之间相互信任的基础，也是构建和谐社会的必要条件。只有以诚信为本，才能建立稳固的人际关系，促进社会的和谐与稳定。培养正确的世界观、人生观和价值观是一个长期且艰难的过程，需要付出大量的努力和时间。在这个过程中，发挥中华优秀传统礼仪文化的导向作用显得尤为重要。通过礼仪教育的引导，我们可以更好地理解和践行仁爱、正义和诚信等价值理念，从而为社会成员共同认可的价值准则的形成奠定坚实基础。

## （二）创新治理方式

社会，作为一个复杂的有机体，生活于其中的个体有着各自的利益诉求。然而，为了共同应对生存的挑战与困境，这些个体必须寻求并建立一种共识。在中国古代，人们通过制度化的手段来调和人际关系，这被称之为"礼制"，而以礼作为治国之本的治理方式，则被称为"礼治"。现代社会治理则是对这两种理念的融合与延续。在近代中国贫弱受欺而师从西方现代制度的进程中，国家治理体系源自西方治理理论的成分居多，更多地受到西方治理理论的影响，带有较为明显的外力强制色彩。

事实上，社会治理必须是一种融法律治理、道德治理和文化治理于一体的综合管理模式，这种管理模式的主体广泛，涵盖了政府、城乡社区、各类社会组织以及广大的社会成员。其主旨在于预防和化解各类社会冲突与矛盾，有效协调复杂多变的社会关系，旨在激发每个社会成员的积极性和创造力，并强化群体的协作与凝聚力，以确保社会和谐、有序地向前发展。值得注意的是，社会治理的逻辑路径并非仅仅依赖于外部力量的强制推行，而是必须借助"源于行为者之间彼此认同并相互发生影响的文化作用"①。这种力量源自社会成员之间共同的价值观念与行为准则，是推动社会治理取得实

---

① 蒋璟萍，袁媛淑.论礼仪文化促进社会治理创新的机理和路径 [J].湘潭大学学报（哲学社会科学版），2015（6）：21-24.

效的关键所在。

创新原有社会治理体系，推进内外力协同发展的国家治理能力现代化成为一项重大任务，关系到建设中国特色社会主义社会的积极性和创造性，关系到中华民族伟大复兴的中国梦的实现进程。经过漫长社会演变形成的礼仪文化，作为中华传统文化的瑰宝，为社会治理提供了宝贵的文化资源。通过礼仪教育的实施，旨在实现对个体内在道德的深度教化与引导，以及对外在行为的规范与自我约束，这种教育方式的推广超越了单纯的法律治理和政府治理对公民和社会的刚性管理范畴。通过这种方式，努力消除传统管理方式中对于社会成员的强制性惩治与束缚，进一步提升了社会治理的人文情怀。

礼仪教育以其功能、内涵实现对社会治理方式的创新，主要体现在两方面：一是从思想观念到行为习惯的转化路径。具体而言，这种治理方式聚焦于公民礼仪文化的教育强化，遵循从思想到行为的内在演进逻辑，旨在深化公民对礼仪文化的认同，激发情感共鸣，进而剔除不文明的举止，促进公民形成知礼、守礼、践礼的良好习惯。再者，社会治理并非某一部门或单一层面的责任，而是需要多个部门携手合作，共同发挥作用。治理成效的优劣，直接关联到公民道德品质的优劣。因此，为了提升公民的道德品质与整体素质，必须加速礼仪文化的建设与推广。这一过程中，应将礼仪文化中所蕴含的敬让、平等、文明与和谐的理念融入教育之中，着力培养具备高度道德自觉和礼仪文化素质的公民。通过这样的方式，不仅可以实现社会治理的创新，还能为社会和谐稳定奠定坚实的基础。

二是从规范准则到秩序调控的外部路径。社会文明的构建，源于公民对礼仪文化的深度认同，进而在内心形成遵守并实践规矩准则的自觉。这种自觉，既是内在道德观念的驱使，也是外在规范秩序的要求。"社会力量总是在文化中获得表现的；社会过程被包含在文化生活本身的结构之中。"[①] 礼仪文化中的制度文化则通过明确的规范准则来实现对公民行为举止的规范，强化社会成员的礼仪意识，弘扬礼仪文化所蕴含的道德品质，传播正向的价值观，从而促进良好社会环境的形成。尽管规范准则的法律效力不及法律，但其在公民行为上的约束力却不容小觑。公民在公认的社会规范和准则面前，因感受到集体的期待和压力，会自发地调整自身行为，以更好地融入社会组织和集体，避免遭受他人的排斥与不满。从现实来看，唯有通过内外结合的治理方式，采取双管齐下的方法，才能有效提高公民的道德判断力，改善公民的行为习惯，进而推动社会的文明程度与整体发展水平的共同提升。

## 三、国家维度

礼仪教育的价值体现在多个方面，从微观个人到中观社会，再到宏观国家，在每个层面都发挥着积极作用，在国家维度上推动人类秩序的革新、促进文化模式的调适。

### (一)建构人伦秩序

在发展不均衡性背景下，人伦秩序因其内部个体实力的变动差异而展现出不同特性，进而革新成了一个无法避免的趋势。人伦秩序是依循礼仪而构建的，"使得礼成为整个规范性社会秩序之黏合剂的原因在于：'礼'的主要内容涉及到人们的行为，在一个结构化的社会之内，人们依据角色、身份、等级以及地位而相互联系在一起"[②]。礼仪文化不仅是社会秩序的稳固剂，更是人际关系和谐的润滑剂。面对当今社会出现的种种不和谐现象，我们有必要从礼仪教育的视角出发，重新审视各种人际关系的构建，以期建立一个符

①　曼海姆.重建时代的人与社会：现代社会结构研究［M］.张旅平，译.北京：北京联合出版公司，2013：38.
②　史华兹.古代中国的思想世界［M］.程钢，译.南京：江苏人民出版社，2014：88.

合道义标准、和谐稳定的人伦秩序。

在古老的社会结构中，五大人伦关系，即君臣、父子、夫妇、兄弟、朋友——构成了古代社会交往的基石，它们各自代表着不同的社会关系。无论是基于家庭层面的父子、夫妇、兄弟间的伦理关系，还是基于社会层面的君臣、朋友间的伦理关系，都需要相应的价值准则来维系与引导。社会的进步离不开文化的滋养与推动，这要求不断注入新的思想活力。尽管封建思想有其固有的局限性，但经过审慎的筛选与创新的发展，我们可以推动人伦秩序向着更加进步的方向革新。"五伦是由中国社会生活中生长出来的人与人之间关系的独特结构，它十分典型地体现了中国家—国一体、由家及国的社会结构特征。"①但现代社会中君臣关系的消失使得我们要从时代特点出发对人伦秩序进行重新调整，人时刻处于各种复杂的人际关系当中，父与子、夫与妻、长与幼等都应当以恰当的姿态面对，不违背道德礼义，建立正确的人伦秩序，维护社会的和谐发展。"天有其秩序，民有其洪范。"②为了保障社会的平稳运转，我们有必要在社会体系中构建一套明确的规范和制度，用以界定每个公民的身份和角色。若缺乏这样的界定，人与人之间的交往将失去明确的指导原则，长此以往，无疑会导致社会的无序和混乱。在《礼记》中，对于人的道义和身份进行了详尽的划分，几乎覆盖了家庭和社会中的每一个角色，每个角色都承载着其特定的责任与担当。因此，我们应当紧跟时代的步伐，不断更新和完善礼仪教育的内容，从中发掘与当代社会发展相适应的价值观念，从而构建一套符合现代人思维逻辑的社会伦理秩序。

在探讨家庭关系时，我们聚焦于父子、夫妻、兄弟这三种深厚的亲缘纽带。面对这些紧密而血缘相连的关系，倾向于以情感交流

---

① 樊浩.中国伦理精神的历史建构［M］.南京：江苏人民出版社，1992：108.

② 隋思喜.论儒家的礼乐文化及其当代重光［J］.华中科技大学学报(社会科学版)，2019(4)：8-15.

为主导，而非仅流于形式。强调对彼此情感的深刻表达，对彼此工作的全力支持与理解，并倾向于从对方的角度出发思考问题，以此来加固情感的基石，并维护家庭关系的和谐。而在社会交往中，面临的是长幼、朋友、上下级等多元化的关系网络。在处理这些复杂且具有社会属性的关系时，通过表达对他人的尊重与敬意，以及保持自身的谦卑态度，来维护社交的秩序。同时遵循礼仪规范，避免出现失礼的行为。"礼是道德的标准、教化的手段、是非的准则，是政治关系和人伦关系的分位体系，具有法规的功能，也有亲合的作用。"① 因此，在建构中国人伦秩序时，应当紧密结合礼仪文化的理论基石，通过礼仪教育来发挥其多重功能和价值。

## （二）调适文化模式

在探讨"礼"在中国文化中的地位时，不难发现其内涵和外延均显得尤为丰富。然而，当这一传统概念从"礼制"的庄重地位逐渐融入日常生活的规范之中时，它的制度性刚性特征逐渐淡化，而其作为软实力的文化功能日益凸显。众所周知，文化作为历史进程的载体，始终处于动态的发展和变化之中。"在现实层面，对一个民族（国家）来说，文化是积淀而成并维系其不断延续、传承发展的内在基因。"② 不同文化间的差异、共同点，最终通过文化整合的方式固化为一种文化模式，其根本是促进人的全面发展。经过几千年的发展，中国文化模式展现出一种独特的演进轨迹，即通过广泛吸收并剔除糟粕、提炼精华，实现了持续的发展和创新。从古老的传统文化模式演变至当今的中国文化格局，礼仪文化始终占据着举足轻重的地位，成为文化构成中不可或缺的一部分。

"一种文化就像是一个人，是思想和行为的一个或多或少贯一

---

① 陈来.儒家"礼"的观念与现代世界［J］.孔子研究，2001（1）：4-12.
② 陈少雷.文化转型与价值建构：问题、视角与路径［J］.北京联合大学学报（人文社会科学版），2019（3）：37-44.

的模式。每一种文化中都会形成一种并不必然是其他社会形态都有的独特的意图。"①礼仪文化作为中华传统文化的一部分，对人类行为的规范作用和社会文明的推动意义是显而易见的。就中华传统文化而言，加强礼仪教育，是对其内容的进一步丰富与扩展，更是对既有文化模式的优化调整，以期使这种文化模式更具时代气息并得以发展和完好的保留。社会的稳定发展需要一种符合大众文化需求，贴合实际生活需要的文化模式，这种模式应当能够全方位地教育和引导公民。礼仪文化不同于其他文化在于它倡导以礼仪构建社会的文明秩序，培养具有先进思想和正确价值观的个人，利用内在的道德力量来规范外在的行为表现，实现内外兼修、文明有序。"在世界历史中，没有任何一种文化和制度的生命力可与中国的'礼'相提并论。"②当今社会出现的道德失范、精神困顿、价值观扭曲等问题反映了社会主体对现有文化的不适应，而礼仪文化以悠久的历史和顽强的生命力在文化领域发挥强大的调适作用。

礼仪教育主张的政治思想和伦理品格为社会问题提供解决之策，《论语·为政》："道之以政，齐之以刑，民免而无耻。道之以德，齐之以礼，有耻且格。"③用政法、刑罚来治理百姓，他们仅限于为了免于责罚而守法，但不知廉耻；相反，用道德、礼义引导百姓，使他们不仅懂得礼义廉耻，而且从内心愿意顺从。此语反映了对法治刑政手段的指责与批评，法律只是通过其强制的手段而制止或限制人的外在行为，对于其内在的道德、善意并无教育作用。礼仪教育则强调将内心的恭敬与外在的形式紧密相连，从而实现一种非法律形式、依靠礼仪维系的和谐秩序。"维护文明首先也是最重要的一点，是依靠从我们心中精神生活的源头喷涌而出的力量。"④这种

① 本尼迪克特.文化模式［M］.王炜，译.北京：社会科学文献出版社，2009：32.
② 马小红.礼与法［M］.北京：经济管理出版社，1997：13.
③ 阮元.十三经注疏［M］.北京：中华书局，1980：1638.
④ 史怀特.文明与伦理［M］.孙林，译.贵阳：贵州人民出版社，2018：304.

力量源自个体内心的道德规范，而道德的培养离不开文化的引导与教育，脱离了礼仪教育所赋予人的内在涵养，文明社会的维护将变得尤为艰巨。礼仪文化传承和延续的意义在于发扬其优秀的内容，以获得社会成员的广泛认同与赞誉，进而强化内在的道德自觉，推动行为与精神层面达到高度的社会文明境界。

文化模式的选择、生成和适用，在于其是否反映了鲜明的时代特色，是否贴合大众文化的需求。通过礼仪教育所构建的文明秩序是一种理性与柔性并存的模式，不仅有效消弭了其他文化在社会发展中的不适应之处，更通过深入教化来引导个体的内在思考与外在行为，有效提升个体的道德素质，进而使得文化的发展更加契合中国式现代化的内在要求。

# 第三节 新时代大学生礼仪教育的目标

新时代开展大学生礼仪教育，既有主体维度的目标，如提升大学生的礼仪素质、道德修养，规范大学生的外在行为等；又有理念维度的目标，如培育正确的义利观、弘扬和谐思想等；还有文化维度的目标，如继承和发展礼仪文化，提高国家文化软实力。

## 一、主体维度

### （一）做"六有"大学生

2016年4月26日，习近平总书记来到中国科学技术大学考察，特意到图书馆看望了正在自习的同学们，与大家交流学习生活情况，分享自己三次来科大的感受，勉励同学们肩负时代责任，高扬理想风帆，做有理想、有追求的大学生，做有担当、有作为的大学生，做有品质、有修养的大学生[①]。习近平总书记提出的"六有"大学生从理想信念、社会责任和个人素质三个方面对大学生成长成才提出的具体要求，是新时代高校开展人才培养和教育工作的行动遵循与目标指引。

第一，做有理想、有追求的大学生。就是要求大学生增强"四个自信"，树立实现中华民族伟大复兴的中国梦的信念。理想信念、人生追求是新时代大学生首先需要培养的，旨在坚定大学生的理想信念、树立远大的人生追求，实际上就是要培养大学生的奋斗精神。奋斗精神蕴藏在中国共产党成立、发展的全过程之中，每一个政党都有自己

---

① 《习近平与大学生朋友们》编写组.习近平与大学生朋友们[M].北京:中国青年出版社，2020；299.

的奋斗方向和目标追求，中国共产党自成立之初就肩负着为人民谋幸福、为民族谋复兴的使命，在艰苦卓绝的探索中，历经苦难而不畏艰险，经受考验而不改初心，为追求真理而不懈奋斗。中国革命事业的成功，靠的是每一位共产党人不断奋进、砥砺前行，靠的是对共产主义的坚定信仰和理想追求。习近平总书记说："中华民族伟大复兴绝不是轻轻松松、敲锣打鼓就能实现的。全党必须准备付出更为艰巨、更为艰苦的努力。"①这句话强调了伟大事业的成功绝不是简简单单就能实现的，而是需要坚定的理想、崇高的信念，坚韧的意志、刚毅的品节，一路无所畏惧，勇往直前。新时代大学生礼仪教育也应借鉴"红船精神"中的奋斗精神内涵，培养当代大学生忠于理想信念、树立远大追求，为人类的伟大事业艰苦奋斗。

第二，做有担当、有作为的大学生。就是要求大学生自觉践行社会主义核心价值观，加强学习、增强本领。担当强调要培养大学生的责任意识，作为强调大学生要有目标和追求，在实现人生理想的道路上有所成就。担当和作为是新时代大学生成长成才道路上的首要意识，有担当意味着有责任感、敢于承担责任，有作为意味着创造成绩、勇于拼搏奋斗。新时代做有担当、有作为的大学生应从以下两个方面努力：一方面，就大学生自身而言，要始终把努力学习、增强本领放在首位，认真学习课堂上的理论知识，积极探究疑难问题，在课后主动参与社会实践活动，把所学知识运用到实践中，用理论指导实践。在网络虚拟生活中，应保持理性，避免言行不当造成失礼现象，在网络讨论、网络游戏、网络社交的过程中自觉承担起相应的责任，努力营造一个风清气正的网络环境。此外，大学生可以多参与自己感兴趣的比赛、活动等，如全国大学生数学建模竞赛、中国互联网＋大学生创新创业大赛、全国大学生英语竞赛、全国大学生电子设计竞赛、挑战杯中国大学生创业计划竞赛、全国大学生

---

① 习近平.决胜全面建成小康社会 夺取新时代中国特色社会主义伟大胜利——在中国共产党第十九次全国代表大会上的报告［M］.北京：人民出版社，2017：15.

机械创新设计大赛等等，利用自己所学的理论知识，在不同的赛道上展现能力、提升自我。另一方面，大学生除了关注自身的发展情况外，也应多关心社会、国家和国际的发展形势，正确认识中国和世界的发展大势，正确认识时代责任和历史使命，用中国梦激扬青春梦，以青春梦的实现助力伟大复兴中国梦的实现。此外，大学生也应多关注社会发展的现实需要，勇于下基层，到条件艰苦的地方、祖国最需要的地方去锻炼，以实际行动展现当代大学生的担当和作为，志竭小我之力，共建吾国之兴昌。

第三，做有品质、有修养的大学生。就是要求大学生增强中华优秀传统文化底蕴，注重礼仪素养和道德修养，将正确的认知和实践相结合，自觉养成礼仪习惯，注重情理兼修、礼德并重。在对大学生的教育中，相比于知识和学识，更加注重对其品质、修养的培养，因为德是做人的基本。礼仪教育是外在仪式和内在礼义并重的教育实践活动，因而在开展大学生礼仪教育时要致力于培养大学生的品质和修养，使个人的德性素养与能力相配。一方面，礼仪教育依托中华传统优秀礼仪文化，其中蕴含着丰富的教育内容，是提升大学生品质和修养的宝贵文化资源。如《论语·宪问》提出"修己以安人"[①]，"修己"表现为一种内省、慎独式的严格道德自律和一种为仁由己的担当意识；"安人"博施济众、道济苍生，较之"治人"更发乎本心，意境更为高远[②]。孔子则以"仁"为基础，将"修己"和"安人"充分结合起来，通过修炼自身的道德品质实现"仁"的最高目标。孟子提出"仁义礼智"的"四端"学说，为个体"修己"提供了可能性。荀子"隆礼入法"，通过礼法并重来完善个体的品质和修养。另一方面，大学生有品质、有修养也反映了礼仪教育的成效，大学生的礼仪素养是检验礼仪教育效果的重要标准。培养大

① 阮元.十三经注疏［M］.北京：中华书局，1980：2514.
② 武薇."修己安人"——大学之道的古意探寻［J］.社会科学战线，2012（7）：259-260.

学生成为有品质、有修养的个体既是礼仪教育的应有之义，又是礼仪教育的目标追求。大学生的品质和修养不仅体现在现实生活中，网络空间的言论、行为也反映其素质，因此不论网上网下，大学生都应做到注重自身言行、理性表达，继承和发扬中华民族优秀的传统美德，培育积极向上、美好向善的价值观。

## （二）培养担当民族复兴大任的时代新人

2018 年 8 月 21 日，习近平总书记在全国宣传思想工作会议上强调"担当民族复兴大任的时代新人，必须是在思想水平、政治觉悟、道德品质、文化素养、精神状态等方面同新时代要求相符合的"[①]，从思想水平、政治觉悟、道德品质、文化素养、精神状态等方面对培养时代新人提出了要求，既要符合新时代的时代语境，同时也要从多方面展开对大学生的教育。大学生作为国家建设和发展的生力军，不仅要具备丰富的知识内容，也要具备较高的礼仪素养和道德品质。这就为新时代大学生礼仪教育指明了前进方向，培养大学生成为担当民族复兴大任的时代新人是新时代开展礼仪教育的重要目标之一。一方面，礼仪教育作为教育实践活动，提升大学生的礼仪素质，形塑其道德品质，是教育的基本内容同时也是目标追求。但礼仪教育的内容不是固定不变的，而是随着社会发展、时代需要，不断补充、更新，使教育内容更加贴近大学生的日常生活。大学生作为担当民族复兴大任的重要人才，他们的成长不是一蹴而就的，而是需要从小事入手，由浅入深、由小及大，从个体自身的事情上升到社会公共事件再到国家大事，逐步增强责任意识，把视野逐步扩大，从而有能力肩负起社会、民族和国家的重任。另一方面，礼仪教育作为一项历史悠久的教育传统，在中国社会存在了几千年，与其他教育一同推动了大学生的全面发展进步。礼仪教育通过外在

---

① 习近平.论党的青年工作［M］.北京：中央文献出版社，2022：166.

行为观测内在品质，通过由外向内的观察路径，在把握大学生的基本情况后，又通过由内而外的方式进行调控和规范，即通过内在品质和精神内涵调整外在行为。大学生只有做到内外统一，品质与行为相一致，才能肩负起实现中华民族伟大复兴的重任。新时代的大学生礼仪教育应将培养担当民族复兴大任的时代新人作为目标追求，在教育过程中以这一目标为指引，全面提升大学生的综合素质。

### （三）培养德智体美劳全面发展的社会主义建设者和接班人

2018 年 9 月 10 日，习近平总书记在全国教育大会上的讲话强调培养德智体美劳全面发展的建设者和接班人，是教育工作的根本任务，也是教育现代化的方向目标。指出要在坚定理想信念上下功夫、要在厚植爱国主义情怀上下功夫、要在加强品德修养上下功夫、要在增长知识见识上下功夫、要在培养奋斗精神上下功夫、要在增强综合素质上下功夫[①]。"堪当民族复兴重任"是作为时代新人培育的宏观性、整体性的主旨导向，而培养社会主义事业的"建设者"和"接班人"则是作为富有针对性、靶向性和具体化的目标任务[②]。在培养"社会主义建设者和接班人"的术语前面，有了"德智体美劳全面发展"的具体要求，即要培养的是德智体美劳全面发展的建设者和接班人。这一要求与马克思关于人的自由全面发展思想不谋而合，即强调人在德智体美劳多维度实现自由、充分、全面的发展。从教育学来看，培养德智体美劳全面发展的社会主义建设者和接班人，就是要从德育、智育、体育、美育、劳育全方位入手。从某种意义上来说，礼仪教育中包含着德育、智育、体育、美育、劳育的某些内容，德育侧重于礼义教育，智育蕴含礼仪教育的一种知识性学习，体育关涉射礼的教育，美育关涉华夏服饰之美的审视与思考，劳育

① 习近平.论党的青年工作［M］.北京：中央文献出版社，2022：170-179.
② 庞申伟，段丽.试析习近平关于时代新人重要论述的创造性贡献［J］.中国教育学刊，2024（3）：1-6.

注重礼仪的实践与操练。综合而言，礼仪教育贯穿于德育、智育、体育、美育、劳育的某些过程之中，在对大学生开展多维度教育时都有礼仪教育的参与，通过各项教育活动，实现大学生的全面发展，进而成长为社会主义事业的建设者和接班人。

### （四）做有理想、敢担当、能吃苦、肯奋斗的新时代好青年

2022 年 10 月 16 日，习近平总书记在党的二十大报告中寄语当代中国青年，"广大青年要坚定不移听党话、跟党走，怀抱梦想又脚踏实地，敢想敢为又善作善成，立志做有理想、敢担当、能吃苦、肯奋斗的新时代好青年，让青春在全面建设社会主义现代化国家的火热实践中绽放绚丽之花"①。这既对广大青年提出了殷切希望，同时为教育大学生成为什么样的人提供了目标指引。有理想、敢担当、能吃苦、肯奋斗是对"六有"大学生的进一步提炼和丰富，是对当下"佛系""躺平""摆烂"等社会现象的回应，同时也是对青年大学生的勉励，引导青年在理论学习和实践锻炼中体察、领悟责任与使命，把责任精神、使命意识、责任履行内化为新时代青年的价值自觉和行动自觉②。这些殷切希望不仅扩展了新时代大学生礼仪教育的内容，同时也深化了对新时代礼仪教育目标的思考。礼仪教育要把筑牢大学生的理想信念作为教育内容，培育大学生自觉践行社会主义核心价值观的意识，做到明大德、守公德、严私德，在社会范围内形成明礼崇德的良好风气。敢担当是中华民族的优良美德，担当意味着把责任和使命记在心里、扛在肩上，礼仪教育要把责任意识作为教育内容，培养大学生敢于承担责任的意识，在社会实践活动中敢于担当，在实践中增强独立能力和自信心。能吃苦有助于

---

① 习近平.高举中国特色社会主义伟大旗帜 为全面建设社会主义现代化国家而团结奋斗：在中国共产党第二十次全国代表大会上的报告 [M].北京：人民出版社，2022：71.
② 李旭娟，王强.新时代好青年的基本特征与培养路径 [J].人民论坛，2024（9）：101-103.

大学生成长成才，帮助他们磨炼意志、历练本领，从而能够积极应对生活中的种种困难，从艰难困苦的环境中成长起来，使其在精神上更加强大。肯奋斗不仅是当代大学生的优秀品质，同时更是共产党人优良特质的彰显。中华文明赓续千年不断，靠的是一代代中华儿女的接续奋斗；中华民族从站起来、富起来到强起来的伟大飞跃，靠的是一代代共产党人的不懈奋斗。只有奋斗，个体和国家才能更加强大，高质量的美好生活才能实现。因此，新时代大学生礼仪教育要把培养大学生成为有理想、敢担当、能吃苦、肯奋斗的新时代好青年作为目标追求。

## 二、理念维度

### （一）培育正确的义利观

"义"是适宜或恰当的原则，即公正。凡是符合道德仪礼的行为称为"义"，反之则"不义"。"义"是区分善恶、荣辱、好坏的标尺，是道德行为的准则，也是君子与小人的本质区别。"义"是"利"的对立面，对"利"的追求应建立在遵守道义的基础上，以不义手段获得的东西都是肮脏的，不被大众所认可的。中国古代一直有重义轻利的观念，儒家认为义与利之间应是义贵于利、义高于利、义重于利的关系，《论语·里仁》篇记载："君子喻于义，小人喻于利。"[①]习近平总书记在中法全球治理论坛闭幕式上的讲话中强调："要坚持正确义利观，以义为先、义利兼顾，构建命运与共的全球伙伴关系。"当个人利益与民族利益、国家利益冲突时，取舍时应当有一种大局意识，舍小我成就大我，牺牲个人利益以维护民族利益、国家利益。放眼全球，要在正确义利观的基础上，与全球各国和谐相处，互利共赢。儒家义高于利的观点对社会发展的积极意义在于，一方面避免了过分

---

① 阮元.十三经注疏［M］.北京：中华书局，1980：2471.

追求利益而导致物欲横流的社会出现，另一方面充分肯定个人对自己合理利益的追求，缓和了义与利之间的矛盾，从而为解决义利矛盾提供了广阔的空间。但当今社会仍然存在着为追求利益而不择手段的人，在个人、民族和国家三者之间抉择时仍然会优先考虑自身的利益，因而要把礼仪教育与社会实际结合起来，发挥礼仪教育在培育正确义利观方面的积极影响。

### （二）弘扬和谐思想

"和"是礼仪文化的根本，新时代开展大学生礼仪教育的目标之一在于深入阐释和谐思想，发挥其促进社会成员和谐相处、互相帮助、彼此友爱的正向功能，最终促进礼仪文化和谐思想的传播与弘扬。

首先是个体身心的和谐。德是做人的首要素质，包括为人诚、待人仁、对人敬，只有做到这些方面，才能提升德行、调谐心性，实现个体身心的和谐。刘韶军曾从学习的人格目标、学习的丰富内容、学习的基本方法、学习的快乐精神、学习的多种作用[①]五个方面系统地阐述了孔子学习思想的丰富内涵和深刻意义，提出孔子学习思想的根本目标在于培育高尚人格的君子，从而实现生命的意义，达到个体身心的和谐。《论语·颜渊》篇记载："为仁由己，而由人乎哉"[②]，《论语·学而》篇记载："入则孝，出则悌，谨而信，泛爱人，而亲仁"[③]，《论语·卫灵公》篇记载："己所不欲，勿施于人"[④]，《论语·雍也》篇记载："己欲立而立人，己欲达而达人"[⑤]，《论语·里仁》篇记

① 刘韶军.孔子学习思想的内涵及意义[J].江苏科技大学学报（社会科学版），2018（3）：5-15.

② 阮元.十三经注疏［M］.北京：中华书局，1980：2502.

③ 阮元.十三经注疏［M］.北京：中华书局，1980：2458.

④ 阮元.十三经注疏［M］.北京：中华书局，1980：2518.

⑤ 阮元.十三经注疏［M］.北京：中华书局，1980：2479.

载："见贤思齐焉，见不贤而内自省也"①，这些论述都强调要堂堂正正做人，要学会自我反思，要冷静应对客观事物，理智判断事情，通过为人诚、待人仁、对人敬，塑造个体健全人格的同时提升自身的德行，兼具这两者既要注重自身的内在修养，也要将内在的德行展现出来，通过树立诚信、待人仁爱、内省反思等方式来塑造健全的人格，从而实现个体身心的和谐。具体表现在个体要具备仁心，对身边的人要仁爱，尊重他人的想法，不把自己的观点强加给别人；对人、对事要存有敬畏之心，保持谦卑的态度；在生活中要遵守基本的诚信，将内在道德修养和外在礼仪修养结合起来，进而实现个体身心的和谐，提升道德情操和精神境界。

其次是群体的和谐。儒家倡导的和谐互利的群己关系，不仅是人与人的关系，人与群体的关系，更是不同群体之间的关系，群体的和谐有利于处理个人与他人、社会的关系②。人是群体性动物，而群处的基本要求就是彼此的和谐、分工与合作，舍此则无以形成集体的合力、推进社会发展③。人具有自然属性、社会属性和精神属性，而社会属性是人的基本属性，人只有在团体或群体活动中，才能找到归属感和安全感，找准自己在群体中的位置，与他人建立良好的人际关系，实现自身的价值。远古时代以来，我们的祖先就是以群居的方式生活，通过人与人之间适当关系的实现，建立起和谐的人际关系。在人际关系方面，礼仪教育讲究对他人表达尊敬，正如"夫礼者，自卑而尊人，虽负贩者必有尊也，而况富贵乎"④"礼者，敬而已矣"⑤"敬者，礼之本也"⑥"毋不敬者，人君行礼无有不敬，

① 阮元.十三经注疏［M］.北京：中华书局，1980：2471.
② 彭俊桦.儒家传统价值观的当代价值及其传承体系探析［J］.社会科学家，2014（4）：21-24.
③ 彭林.中国礼仪要义［M］.南京：南京大学出版社，2014：46-48.
④ 阮元.十三经注疏［M］.北京：中华书局，1980：1231.
⑤ 阮元.十三经注疏［M］.北京：中华书局，1980：2556.
⑥ 阮元.十三经注疏［M］.北京：中华书局，1980：2556.

行五礼皆需敬也"①，这些论述所言，都强调要持敬的态度，在生活中养成敬重他人的习惯，从而推动彼此心灵的交流与沟通，促进群体心理的健康发展。只有个体心理健康发展、实现自身价值，才能实现群体间的和谐②。

最后是家国的和谐。在家庭中，晚辈应当孝顺父母、敬爱兄长，营造和谐稳定的家庭氛围。《礼记·曲礼》有言："夫为人子者，出必告，反必面。"③这句话强调在家庭中，子女要尊敬父母，听从父母的建议，处理好与父母、兄长之间的关系，做到孝顺、敬重、仁爱，这样才能构建和谐的家庭关系，实现家庭成员间的和谐，体现礼仪教育的目标追求。在治国理念方面，儒家也强调和谐。2003年温家宝总理在哈佛大学做演讲时指出，中华民族文化的核心是以"和为贵"的和合文化，强调个体身心、人与人之间、人与社会之间以及人与自然之间的和谐状态，这种和谐也适用于民族和国家之间。习近平总书记在上海合作组织青岛峰会欢迎宴会上致祝酒辞时指出，"和合"理念是中华民族一贯的文化追求。"和合"文化不仅是中华民族的传统人文理想，更是治国理政的一剂良方，加强了中国与其他国家的交流合作，逐渐成为中华民族为世界贡献的中国智慧。《论语·为政》篇记载："道之以政，齐之以刑，民免而无耻。道之以德，齐之以礼，有耻且格"④，《论语·学而》篇记载："礼之用，和为贵，先王之道，斯为美"⑤，《礼记·经解》说："发号出令而民说，谓之和"⑥，这些论述都强调了治理国家最高的境界在于使各个阶层处于和谐的状态，其政策要使百姓满意、得到民众

---

① 阮元.十三经注疏［M］.北京：中华书局，1980：1230.
② 姜广辉.先秦礼学综论［J］.社会科学战线，2017（10）：2+16-26.
③ 阮元.十三经注疏［M］.北京：中华书局，1980：1233.
④ 阮元.十三经注疏［M］.北京：中华书局，1980：2461.
⑤ 阮元.十三经注疏［M］.北京：中华书局，1980：2458.
⑥ 阮元.十三经注疏［M］.北京：中华书局，1980：1610.

拥护。"天时不如地利，地利不如人和"①凸显了人和的重要性，而人和需要通过礼仪教育来实现。重仁派的孔孟十分重视人民在国家建设中的力量和作用，主张对民众实行教化、减少刑罚和赋税，通过道德感化、树立德性来影响民众，从而使以"礼"为核心的社会规范体系能维护国家的稳定，确保社会的正常运转，熔铸中国人的价值观念，并成为中华民族精神文明的根基②。只有个体身心的和谐才能促进群体的和谐，进而实现家庭关系的和谐，最终达到国家的大和谐。

稳定社会关系的力量，不是感情，而是理解。所谓理解，是指接受着同一的意义体系，同样的刺激会引起同样的反应③。正是通过礼仪教育，进一步阐释礼仪文化的意义体系，发挥其对社会各方面的规范和约束作用，培育正确的义利观，弘扬和谐思想，促进个体、群体、家国的和谐。

## 三、文化维度

"文化是一个国家、一个民族的灵魂。"④习近平总书记在党的十九大报告中指出，要坚定文化自信，推动社会主义文化繁荣兴盛，尤其强调要进一步提高国家文化软实力。中国自古就是"礼仪之邦"的标志，几千年的文明历史记载着中华儿女的智慧与追求，体现了中华民族独特的文化和恢弘的气魄。在多元文化繁荣发展的今天，通过礼仪教育展现礼仪文化所蕴含的丰富内涵是传承中华文化、坚定文化自信的重要途径，为进一步提高国家文化软实力打下坚实的基础。

---

① 阮元.十三经注疏［M］.北京：中华书局，1980：2693.
② 杨丹.中华传统礼仪与构建和谐社会之关系辨析［J］.武汉大学学报（哲学社会科学版）2013（3）：105-108.
③ 费孝通.乡土中国［M］.北京：人民出版社，2015：52.
④ 习近平.决胜全面建成小康社会 夺取新时代中国特色社会主义伟大胜利——在中国共产党第十九次全国代表大会上的报告［M］.北京：人民出版社，2017：40.

国家软实力是相对于硬实力而言，硬实力是国家的经济、军事和科技等物质力量，而文化软实力是"一个国家或地区文化的影响力、凝聚力和感召力，它是国家软实力的核心因素"①。近年来，随着我国硬实力的增强，国际地位的攀升，越来越多的中国人选择在节假日到世界各地游玩，然而在游玩景点时所体现的个人礼仪却与我国"礼仪之邦"的形象大相径庭，更有国家在景区提示处用中文注明，足以说明中国人出门在外的举止行为有违公民道德建设的要求，抹黑了中国在国际社会中的形象。基于这一社会现象，要消除国际友人对中国游客的偏见和不满，需要通过礼仪教育加强礼仪文化的阐释和具体礼仪的培养，着力提高我国的文化软实力，使国家软实力与硬实力相匹配，让有着"文明古国"之称的中国得到世界的认可，进一步弘扬中华文化、推动世界文明相互交流，实现文化交融互鉴。

礼仪教育以礼仪文化作为核心内容，而礼仪文化作为国家文化软实力的重要构成，是"以礼仪观念的共同取向调控人们行为的发生、修正和人格完善的文化体系"②。它是中华民族独特的精神底色，是流淌于华夏民族血脉中的文明基因，弘扬好礼仪文化既是丰富人民精神世界的需要，又是加强文明和谐社会建设的文化支撑，更是实现社会主义文化强国目标的有力手段。首先，礼仪文化具有丰厚的历史内涵，从古代沿袭而来，创新于现代、传承在未来，是贯穿历史的一套文化体系，且与时俱进、因时损益，对国家文化的繁荣昌盛大有裨益。其次，礼仪文化具有实际的可操作性，古代的礼制都有相应的程式记载，祭祀物品的种类、数量、规格均有详细的记载，对个人礼仪、各种规范也有细致、具体的描述，因而在现代社会仍有很强的实操性。最后，礼仪文化具有潜隐的教化作用，通过自身价值的规范性、内涵的延伸性对人的观念、行为、习惯进行约束和

① 易小明.文化软实力的"硬核"［J］.吉首大学学报（社会科学版），2018（4）：1-3.
② 蒋璟萍.礼仪文化学的学科性质和体系初探［J］.大学教育科学，2013（3）：113-117.

调节，进而发挥其软控制的作用，达到潜移默化的教化作用。因此，礼仪教育通过展现礼仪文化的无限魅力来进一步实现提高国家文化软实力的长远目标。

# 第四章　新时代大学生礼仪教育的现状分析

礼仪教育是教育的重要内容，大学生礼仪教育从知识体系和行为实践两个方面对大学生展开科学、规范的教育，以理论指导实践运用，以实践深化理论认知，从而实现大学生礼仪素质和内在涵养的综合提升。通过理论分析和实证分析，从积极面和消极面两个方面出发，全面把握当前大学生礼仪教育的现状，为后章路径探索提供依据和支撑。

## 第一节　新时代大学生礼仪教育的现状调研

调查问卷法是社会科学研究常用的研究方法，为了解大学生礼仪教育现状提供了数据分析的宝贵资料。本节以大学生为研究对象，编制了《关于大学生礼仪教育现状的调查问卷》，为真实把握大学生礼仪教育的现状、影响因素和路径探索提供了一手资料。

### 一、调查目的及总体思路

为了真实而全面地把握当前大学生礼仪教育的现状，通过调查问卷的形式来考察当前大学生礼仪教育的实然样态。首先了解被调查大学生的基本情况；其次从大学生对传统礼仪、家庭礼仪和学校礼仪的认知、表现等情况进行调查，分析和总结当前大学生礼仪教育的积极面和消极面；再次从家庭、高校、社会、网络、自身五个维度进行原因调查，分析不同维度对大学生礼仪教育的影响；最后从上述五个维度提出相应的路径。通过线上和线下相结合的形式发放问卷，获得相应的数据，为进一步研究提供数据支撑。

## 二、调查方法与调查对象

### （一）调查方法

本研究采取问卷调研方法，通过线下纸质问卷和线上问卷星的形式发放，由 SPSS 软件进行系统分析。问卷调查主要体现了积极和消极两个方面问题：一方面是当前大学生礼仪教育取得了哪些成效，另一方面是大学生礼仪教育过程中存在哪些问题和困境，亟需进一步改进和完善。

### （二）调查对象

调查对象的选择具有一定的广泛性，在综合考虑高校层次、类型和笔者的实际调研能力的基础上，选择了南京市的 5 所高校，院校选择具有一定的代表性，涉及"985""211"、双一流、普通本科、高职（高专）等高校，以这些高校的大学生为主要调研对象。通过实际调查，把握大学生对礼仪的认知、日常礼仪行为及表现，从而为本研究的深入进行提供方向性指导。

### （三）问卷设计与基本情况

#### 1. 问卷设计

本问卷设计分为四个维度，分别是基本情况、现状、影响因素和路径。第一部分是基本情况，了解被调查大学生的个人基本信息。

第二部分是礼仪教育现状，考察大学生对传统礼仪，如春节、清明节、端午节、中秋节等传统节日的了解程度，以及对成人礼、婚礼、丧礼和祭礼的看法；调查大学生在家庭生活中的家庭成员礼仪、待客礼仪和外出礼仪等行为礼仪；还涉及大学生在学校生活中的课堂礼仪、交往礼仪和公共场所礼仪等行为礼仪。第三部分是影响因素分析，从家庭、高校、社会、网络和自身五个维度分析当前大学生礼仪教育问题的影响因素。第四部分是路径探索，对应上述五个维度设计可能的路径。问卷设计具体情况详见表4-1。

表4-1 大学生礼仪教育现状调查问卷结构设计

| 主维度 | 子维度 | 对应题号 |
|---|---|---|
| 1.基本信息（调查对象性别、所在年级、户口以及礼仪教育等基本情况进行了解） | | 1-6 题 |
| 2.礼仪教育现状 | 传统礼仪 | 7-17 题 |
| | 家庭礼仪 | 18-24 题 |
| | 学校礼仪 | 25-29 题 |
| 3.影响因素 | 五个子维度的影响程度 | 第 30 题 |
| | 家庭 | 第 32、33 题 |
| | 高校 | 第 34、35 题 |
| | 社会 | 第 36、37 题 |
| | 网络 | 第 38、39 题 |
| | 自身 | 第 40、41 题 |
| 4.路径探索 | 家庭 | 第 42 题 |
| | 高校 | 第 43 题 |
| | 社会 | 第 44 题 |
| | 网络 | 第 45 题 |
| | 自身 | 第 46 题 |

## 2. 基本情况

本次调研对南京市五所高校的大学生进行了随机调查，每个高校发放 500 份问卷，共计发放 2500 份调查问卷，回收有效问卷 2355 份，问卷有效率 94.2%。调查对象的基本情况详见表 4-2。从性别来看，调查对象中男生共 1285 人，占比 54.56%；女生共 1070 人，占比 45.44%。从年级分布来看，调查对象中大一共 328 人，占比 13.93%；大二共 917 人，占比 38.94%；大三共 846 人，占比 35.92%；大四共 264 人，占比 11.21%。从户口来看，调查对象中城市户口共 1716 人，占比 72.87%；农村户口共 639 人，占比 27.13%。

表 4-2 调查对象基本情况统计表

| 调查学校 | 问卷数量 | | 调查对象基本情况 | | | | | | | |
| --- | --- | --- | --- | --- | --- | --- | --- | --- | --- | --- |
| | 发放问卷 | 有效问卷 | 性别 | | 年级 | | | | 户口 | |
| | | | 男 | 女 | 大一 | 大二 | 大三 | 大四 | 城市 | 农村 |
| 1 | 500 | 485 | 295 | 190 | 42 | 291 | 116 | 36 | 387 | 98 |
| 2 | 500 | 488 | 263 | 225 | 67 | 204 | 177 | 40 | 346 | 142 |
| 3 | 500 | 478 | 254 | 224 | 82 | 119 | 201 | 76 | 306 | 172 |
| 4 | 500 | 455 | 225 | 230 | 45 | 166 | 191 | 53 | 351 | 104 |
| 5 | 500 | 449 | 248 | 201 | 92 | 137 | 161 | 59 | 326 | 123 |

在调查问卷第一部分的基本情况中，除了上述性别、年级、户口等个人基本信息之外，还涉及到与谁一起生活、是否接触过礼仪教育的专门学习以及是否愿意参加礼仪教育的专业学习等问题，调查对象的详细情况见表 4-3。从下表可以看到大学生与父母、祖父母/外祖父母、亲戚、父母和祖父母/外祖父母生活的比例分别是 25.8%、9%、5.2%、60%，且 77% 的大学生没有接触过礼仪教育的专门学习，80.98% 的大学生表示愿意参加礼仪教育的专业学习，表现出强烈的学习意愿。

表 4-3 调查对象其他情况统计表

| 问卷数量 | | 调查对象其他情况 | | | | | | | |
|---|---|---|---|---|---|---|---|---|---|
| 发放问卷 | 有效问卷 | 和谁一起生活? | | | | 是否接触过礼仪教育的专门学习? | | 是否愿意参加礼仪教育的专业学习? | |
| | | 父母 | 祖父母/外祖父母 | 亲戚 | 父母和祖父母/外祖父母 | 是 | 否 | 愿意 | 不愿意 |
| 2500 | 2355 | 608 | 212 | 122 | 1413 | 540 | 1815 | 1907 | 448 |

## 第二节　新时代大学生礼仪教育的积极面

礼仪教育既是一项理论与实践相结合的教育实践活动，同时也是一个循序渐进的过程。随着《关于实施中华优秀传统文化传承发展工程的意见》《新时代公民道德建设实施纲要》等相关文件的颁布，进一步要求加强对传统礼仪文化的挖掘和探索，深入发展礼仪教育。新时代大学生礼仪教育取得了一定的成效，展现出积极向好的一面，具体表现在大学生对礼仪教育的认可度不断提高、大学生对礼仪知识具备一定的认知和了解以及大学生比较注重自身的礼仪素养等方面。

### 一、大学生对礼仪教育的认可度不断提高

礼仪教育的传统在我国历史悠久，最早可以追溯到春秋时期，孔子带着众弟子周游列国推行儒家的政治主张，其中一个很重要的内容便是礼仪教育。通过讲解礼仪、传播礼仪、推崇礼仪，达到对人的潜移默化的教育意义。到了今天，礼仪教育在内容、形式、方法、途径等许多方面与古代相比，发生了巨大的变化，人们对礼仪教育的认识也是褒贬不一。通过对大学生展开的调研，发现大学生对礼仪教育的认可度不断提高，形成了正确、理性的认知，不再受"封建礼教吃人"的负面影响而形成片面的认识。

第一，大学生学习意愿强。在进入正式调查之前，第一部分基本信息中设置了关于礼仪教育的相关问题，见表4-3。其中第5题和第6题分别考查了大学生礼仪教育的基本情况以及对接受礼仪教育的积极性，在日常生活和学习中，大多数大学生并没有接受过专门的礼仪教育，但在回答是否愿意接受礼仪教育学习的问题时，八成

大学生表示愿意，表明了大学生群体强烈的学习愿望，也说明大学生对礼仪教育的认可度不断提高，消除了之前相对片面的观念。

第二，大学生对礼仪作用的认可。第 48 题是关于礼仪对个人的作用，是多选题的设置，同时要求按程度排序。该问题考察大学生对礼仪作用的看法，同时也反映出礼仪教育的实际效果。在六个选项中，不同选项的选择频次情况见图 4-1。选项 A 为有助于求学、求偶、求职，选项 B 为可以丰富内涵、提高修养，选项 C 为规范人的言行举止，选项 D 为构建良好的人际关系，选项 E 为提升人格魅力、维持个人形象，选项 F 为其他（请注明）。其中 C 选项频次最高，其次是 B 选项、E 选项和 D 选项，这表明当前大学生已经认识到礼仪对于个人健康成长、发展成才的重要作用，大学生认可礼仪在规范言行举止、提高内在修养、提升魅力、维持形象以及构建人际关系等方面的积极作用，也反映出礼仪教育对大学生个体内外两方面的教育涵化作用。

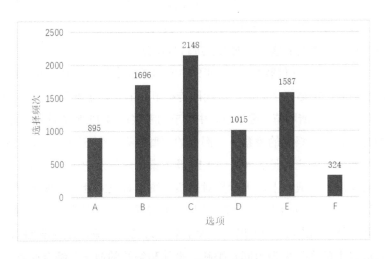

图 4-1 礼仪对个人的作用

## 二、大学生对礼仪具备一定的认知和了解

"学礼则品节详明，而德性坚定，故能立。"①这是古人修身作为、行走社会需要遵循的礼仪规范，虽然社会发展、时代更迭，但这些礼仪的准则和规范在当今社会仍然具有一定的作用。在调查中发现，大学生群体作为青年群体中学历较高、学识丰富的人群，除了学习能力强、接受事物快之外，对礼仪也具有一定的认知和了解。在有效调查问卷中，关于"您是否知道或学习过与'礼仪'相关的知识？"问题的回答，76.71%的大学生选择"是"，23.29%的大学生选择"否"。这表明大学生群体总体上对礼仪有一定的了解，具备礼仪相关的知识基础。而当涉及"您对我国《周礼》《仪礼》《礼记》等礼仪经典著作了解吗？"的问题时，62.08%的大学生处于一般了解程度以上，足以表明大学生知道礼仪相关的一些常识，对我国传统的礼仪经典著作进行了一定的学习，对典籍的知识内容有一定的了解。前章明晰了大学生礼仪教育的主要内容，即传统礼仪教育、家庭礼仪教育和学校礼仪教育，问卷也围绕这三个方面来设计，下面对问卷涉及的这三方面内容进行具体分析：

第一，传统礼仪教育。对这部分内容的考察涉及问卷中的9-17题，第9题是一个概括性问题，对我国传统节日的总体了解程度；10-13题是对春节、清明节、端午节和中秋节的考察；14-17题是对成人礼、婚礼、丧礼和祭礼的考察。这部分的题型设有五个选项，其中选择一般及以上的比例见表4-4。10-13题考察大学生对中国传统节日的了解程度，八成以上的大学生对这些传统节日仪式处于一般了解程度以上，大部分处于较为了解的程度。14-17题主要是对成人礼、婚礼、丧礼和祭礼的态度，七成以上的大学生认为成人礼是有必要开展的，六成以上的大学生表示同意婚礼、丧礼和祭礼的简化。综合而言，

① 朱熹.论语 大学 中庸［M］.上海：上海古籍出版社，2013：201.

大学生对传统礼仪涉及的内容具有一定的认知和了解，且对其在现代的简化和创新也表明了自己鲜明的态度。

表4-4 大学生对传统礼仪的了解程度

| 题目 | 选项 | | |
|------|------|------|------|
| | 非常了解、必要、同意 | 较为了解、必要、同意 | 一般 |
| 传统节日 | 24.46% | 28.75% | 31.32% |
| 春节 | 28.73% | 52.61% | 10.98% |
| 清明节 | 26.34% | 48.91% | 9.26% |
| 端午节 | 25.37% | 45.68% | 9.13% |
| 中秋节 | 27.76% | 49.52% | 8.26% |
| 成人礼 | 24.63% | 35.65% | 11.59% |
| 婚礼 | 20.15% | 46.37% | 8.06% |
| 丧礼 | 15.92% | 35.81% | 22.16% |
| 祭礼 | 10.17% | 30.54% | 20.45% |

第二，家庭礼仪教育。对这部分内容的考察涉及问卷中的18-24题，其中18-20题考察家庭成员的相处礼仪，21、22题考察待客礼仪，23、24考查外出礼仪。18题关于"您在家中如何称呼父母？"，32.15%的大学生选择使用昵称，62.18%的大学生选择爸爸/妈妈，不同选项的占比情况见图4-2。由图可知，94.33%的大学生能够在家庭生活中正确使用称呼礼仪，表示对父母的尊重，只有极少数的大学生选择直呼其名和喂、哎等不礼貌的称呼方式。

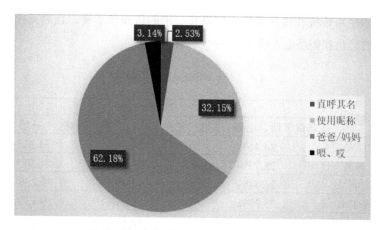

图4-2 在家中称呼父母的不同选项的占比情况

19题关于"您在家中如何孝敬父母长辈?",14.31%的大学生选择听从教诲,27.82%的大学生选择经常问候,24.12%的大学生选择关心身体,33.75%的大学生选择多做事情,不同选项的占比情况见图4-3。由图可知两个方面的内容,一方面,大学生知道在家庭生活中应当孝敬父母;另一方面,虽然大学生孝敬父母的方式不同,但表达感恩、孝顺的意识是强烈的。

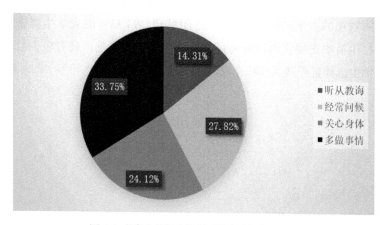

图4-3 在家中孝敬父母的不同选项的占比情况

第20、23、24题选项设置均为频率的选择，将这三个问题绘制在图4-4中。第20题关于"您在家中会与其他家庭成员交流、沟通吗？"，第23题关于"您外出和返回时会告知父母、长辈吗？"，第24题关于"您外出和返回时会与父母、长辈分享所见所闻吗？"这几个问题关涉家庭成员和睦稳定关系的建立和维系。由图可知，选择经常和偶尔的大学生频次较高，说明大学生注重与家庭成员的日常沟通、交流和分享。

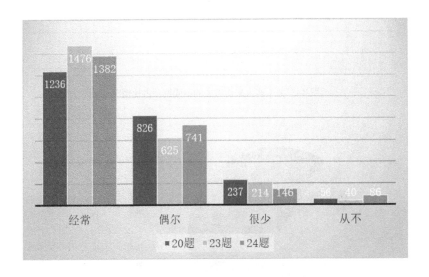

图 4-4  20、23、24 题不同选项出现频次

21、22题考查大学生对待客礼仪的了解情况。21题关于"家中有客人来访，您通常怎么做？"，半数以上的大学生能做到主动接待、热情招呼，说明大学生了解基本的待客礼仪，各选项占比情况见图4-5。22题关于"家中有客人来访，您通常如何着装？"，接近半数的大学生考虑到要修饰面容、着装得体，说明大学生在接待客人时注重个人形象，各选项占比情况见图4-6。

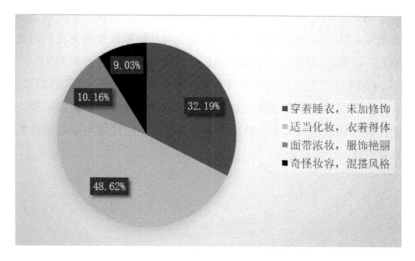

图 4-5 关于客人来访做法的不同选项占比情况

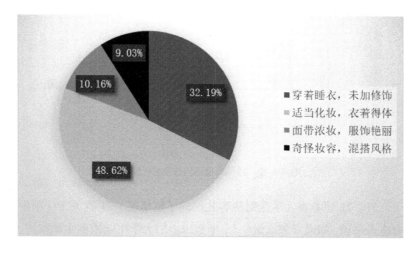

图 4-6 关于客人来访时着装的不同选项占比情况

　　第三，学校礼仪教育。对这部分内容的考察涉及问卷中的 25—29 题，其中 25 题考察课堂礼仪，26 题考察交往礼仪，27—29 题考察公共场所礼仪。课堂是大学生学习知识的地方，25 题关于"在学校上课，您会迟到早退吗？"，选择偶尔选项的大学生最多，占比70.91%；同时也有10.02%的大学生从没有迟到早退，说明大学生对课堂学习的重视，自觉遵守相应的礼仪规范。26题关于"在学校里遇到师长、同学，您通常怎么做？"，六成以上的大学生会主动打招呼问好，各选项占比情况见图4-7。

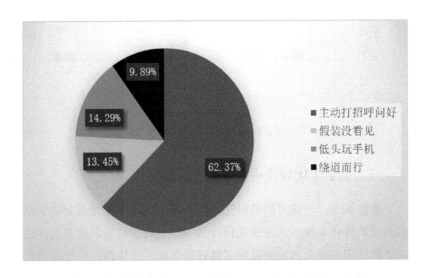

图 4-7 关于遇到师长、同学的不同选项占比情况

27-29题分别考察报告厅、宿舍、餐厅等公共场所的行为礼仪，将这三个问题的选项频次合并绘制在图4-8中。大多数大学生了解公共场合的相关礼仪规定，自觉遵守并在行为上进行约束和规范，总体表现良好。

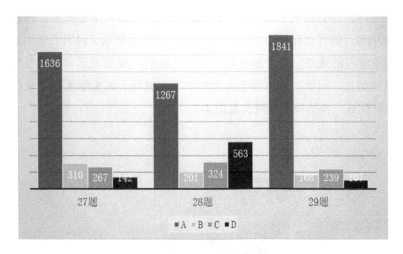

图 4-8 27—29 题不同选项频次

### 三、大学生比较注重自身的礼仪素养

　　康德认为"一切美德都因礼仪而产生"，礼仪行为是大学生道德品质的外化表现，良好的礼仪行为不仅展现了自身教养之美，还为个体的未来成长和发展奠定了良好的基础。个体都是经过社会化而脱去自然性获得社会性的"社会人"，在此过程中，礼仪教育的重要内容成为个体社会化的基本规范和价值准则，建立起个人与社会的关系。在此次调查中发现，大学生都比较注重自身的礼仪素养。通过对传统礼仪、家庭礼仪和学校礼仪的考察，发现大学生的总体礼仪素养较好，且具备一定的礼仪知识，尤其是在与人相处和公共场合中，比较注重自身的礼仪素养，希望把良好的礼仪素养展现给他人，塑造自身良好的形象，建立良好的人际关系。在日常生活中，只有当个体意识到礼仪在生活中的重要性，才会注重自身的礼仪素养以及外在行为，注意保持礼仪姿态、展现礼仪风采。大学生作为社会文明的推动者和践行者，对礼仪素养的正确认知是发展自身、完善自我的基础。

# 第三节　新时代大学生礼仪教育的消极面

从上述的调查结果分析，大多数大学生对礼仪知识有一定的了解和认识，对礼仪在生活中所起的作用有正确的认知，且比较注重自身的礼仪素养。这是大学生礼仪教育可喜的一面，但同时也存在着一些问题。回收的有效问卷既反映了大学生礼仪教育取得的成效，同时也反馈了一些问题。虽然大学生对礼仪有一定的认知，但礼仪知识与实践之间、内在道德与礼仪行为之间、现实有礼与虚拟失礼并存以及家庭、高校和社会的关注度等方面仍然存在着欠缺，需要进一步完善和改进，这构成了大学生礼仪教育的消极面。

## 一、大学生礼仪知识与礼仪实践脱节

"在中国传统社会里，主要是通过学礼、用礼、保礼来熏陶人们的道德品质、规范人们的道德行为，保证社会道德准则的实施的。"①在现代社会，"学礼、用礼、保礼"这一套方法仍然适用，是大学生提升修养、规范行为的重要手段。然而，在调查中发现大学生的礼仪知识和礼仪实践脱节，即所学的知识无法应用到生活实践中去，知道、了解的知识仅作为一种书本知识存在，而没有在生活中得到显示和践行。

调查问卷既反映了大学生礼仪教育积极的一面，同时也反映了当下存在的问题。下面分别从传统礼仪、家庭礼仪和学校礼仪三个方面来分析当前大学生礼仪知识与礼仪实践脱节的问题。

第一，传统礼仪。"抛弃传统、丢掉根本，就等于割断了自己

---

① 蒋璟萍.我国礼仪研究的回顾与展望［J］.湖南商学院学报，2005（3）：111-115.

的精神命脉。"①传统文化是人类精神文明的重要资源，是中华民族独特的精神风貌，是中华民族生生不息、延续发展的丰厚滋养。因此，对于传统的东西应该多加学习和传承，传统是当下和未来的前提基础，当下和未来的发展壮大也是传统的价值体现和传承创新。调查问卷中设计的传统礼仪主要有春节、清明节、端午节和中秋节这四个传统节日，还有不同阶段的礼仪如成人礼、婚礼、丧礼和祭礼这四种仪式。从调查的数据来看，大学生总体上对这些节日和仪式有一定的了解，但仅限于了解某些知识性的东西，而对于节日和仪式涉及的常识性知识和实践性操作还比较缺乏，存在着礼仪知识与礼仪实践脱节的情况。通过调查数据分析大学生礼仪教育已取得的积极成效，同时也暴露出了一些问题。大学生对传统节日和不同阶段的礼仪的了解程度不一样，而具体到不同的传统节日和不同阶段的礼仪的了解程度也不一样。总体而言，大学生对春节、中秋节和婚礼所涉及的流程操作相对了解和熟悉，而对其他传统节日和仪式的习俗和礼仪的了解程度较低。春节涉及的除旧布新、拜神祭祖的仪式大多数大学生有所了解，但也有少数大学生处于不了解的状态。即便是了解的大学生，对春节的一些仪式也缺乏实际操作，仅停留在知晓的层面。清明节是对故人的纪念和追思，涉及踏青扫墓、祭拜亡者等礼节，很多大学生知道给先人上坟、扫墓等事项，但对扫墓、祭拜的流程和仪式是陌生的，其中涉及的规矩和禁忌并不了解。端午节的历史由来很多人都知道，对于扒龙舟、食粽的习俗也不陌生，但是对扒龙舟的流程和规范以及如何包粽子则少有大学生了解，在节日里大学生往往没有真正参与其中，有的选择在超市购买成品粽子。中秋节的祭月赏月、吃月饼的民俗很多大学生是熟悉的，但对于祭月涉及的物品种类、数量多少以及香炉位置摆放等一系列规定，很少有大学生了解，这样的祭月场景可能是长辈已经设置好的，自

① 习近平.习近平谈治国理政［M］.北京：外文出版社，2014：164.

己没有亲自动手做过或参与体验过。成人礼、婚礼、丧礼和祭礼是人生几个重要阶段的仪式，标志着从幼年走向青年，从成年走向老年，最终归于尘土的人生过程。由于现在的仪式在传统的基础上有所简化并进行了时代更新，使得很多大学生对传统的仪式没有系统、全面的了解，所以在参与这些仪式时往往表现出流于形式的感觉，且在过程中没有投入心思，缺乏实际操作。

第二，家庭礼仪。家庭是个体成长的重要场所，个体的思想意识和行为习惯很多都是在家庭中形成的，家庭礼仪则体现了个体在家庭生活环境中的待人接物、行为举止。问卷中设计的与家庭礼仪相关的题目，主要考查大学生在家中的称呼、着装、待客、外出等礼仪。在称呼父母时，九成以上的大学生知道称呼礼仪，并正确运用在家庭生活中，对父母既有尊重同时又表示亲密，但也有大学生由于种种原因在与父母的相处中未能正确使用称呼礼仪，造成与父母之间的关系冷淡、情感冷漠。这部分大学生群体的不恰当称呼表明他们所学的礼仪知识与礼仪实践脱节，存在学一套而行动是另一套的嫌疑。在孝敬父母长辈方面，仅有24.12%的大学生关心身体，14.31%的大学生听从教诲，调查数据表明大学生对父母的孝顺还停留在口头上，没有落实到行动中，缺乏在生活中的现实表达和实际锻炼。在家庭待客方面，49.84%的大学生不会礼貌接待客人，如陪同客人、提前准备好茶水点心等，这表明大学生在待人接物上有所欠缺，实践能力需要进一步提高。在着装上，51.38%的大学生在家中有客人拜访的情况下，衣着不得体、不合适，说明大学生对个人形象不注重，从某种程度上也是不尊重客人的表现，有违礼仪所强调的修饰衣冠的要求。在外出和返回时，大多数大学生会告知父母长辈并分享所见所闻，但也有大学生不会及时告知和分享，没有把古人所讲的外出礼仪运用到生活实践中，缺乏与父母长辈的沟通和交流，使得彼此之间的情感淡化。

第三，学校礼仪。大学校园是大学生学习和生活的重要场所，由于身边最常接触的大多是老师、同学等群体，如何与他们融洽相处、构建良好的人际关系是大学生首先需要学习的社交课程。礼貌的言语、文明的行为体现了大学生的基本礼仪素质，是给他人留下良好第一印象的关键。问卷中设计的题目涉及大学生的课堂礼仪、交往礼仪和公共场所礼仪。课堂是教师传授知识、学生接受教育的地方，大学生对老师和同学的态度反映了自身的礼仪素养，而对师长的态度以及在公共场所个体的言行举止则是个体综合素质的展现，因为涉及公共性的东西最能反映一个人的道德水平。关于上课是否会迟到早退，仅有 236 人选择"从不"，说明大多数大学生不能严格遵守课堂相关规定，存在违反规定的情况。关于遇到师长、同学的做法，37.63% 的大学生没有选择"主动打招呼问好"，这些大学生的实际表现与礼仪教育所倡导的"尊师重教"相违背，在行为上没有体现出对师长、同学的尊重与礼貌。在公共场所的相关礼仪中，听讲座和报告时，有 719 人选择准时进入、迟到或不去的情况，这说明部分大学生在参加活动时在时间安排上有所欠缺，缺乏尊重主办方的意识和管理时间的能力。在保持宿舍礼仪方面，很多大学生能自觉维护宿舍的生活环境，营造良好的礼仪氛围，但在具体的行动和措施上仍有很大差距。在食堂就餐时，514 人选择了"文明有序、礼貌排队"之外的其他选项，说明部分大学生的文明意识有待加强，不能自觉遵守公共场所的文明规定。

## 二、大学生内在道德与礼仪行为分离

"任何一种礼仪都离不开道德，以礼待人，按礼行事，正是道德高尚的反映。"[①] 通过调查发现，大学生在日常生活中展现的礼仪行为不能充分反映其内在道德素养，两者出现了分离的情况，亦即两者之间的体现力较弱。具体表现为以下三个方面：第一，大学生

---

① 范丽辉. 大学生礼仪修养缺失问题及对策研究 [D]. 重庆：西南大学，2015：24.

对内在道德和礼仪行为两者之间的关系缺乏正确的认知。"礼与德是相互渗透、相互支撑、有机统一的,都是人类理性选择的结果。"①在调查中发现,很多大学生的行为表现与道德品质存在着偏差,在生活中虽有礼仪行为却流于表面、疲于应付,内心并不真诚,给人的感觉不真实、不诚心,存在着类似表演仪式的虚假感。在儒家看来,礼仪并不仅仅是一套形式化的程序,而是随着礼仪行为的深化不断使内在道德得以显现。"道德之发生是主体自觉进入礼的活动中,践履者沿循礼之活动的同时由内在的道德焕发出来向身体注入与礼义相应的情感。"②因而,在现实生活中,大学生要通过外在的行为来展现内在的道德,加强礼仪行为的体现力,不能仅为了做而去做,在实践的过程中要展现自己的内在涵养。第二,大学生形成的不良行为习惯。习惯是一个人长期行为的固定化,在传统礼仪、家庭礼仪和学校礼仪等方面,很多大学生的言语表达、行为做法是自然流露的,它体现着一个人内心的真实想法。通过调查获得的问卷数据是大学生作出的第一反应,对不同问题所做的回答反映了较为真实的想法。这说明很多大学生在潜意识里并没有把内在道德和礼仪行为联系起来,不认为两者之间存在着必然联系。因而在与人相处过程中产生无礼、傲慢的行为,久而久之形成了错误的行为习惯。如在家庭中对父母的不当称呼,在接待客人时着装不符合要求,在学校里对老师不尊重等现象,这些都是由于错误的行为习惯导致的,再加上没有施加礼仪教育,进行正确的引导,很容易形成不当的行为,从而给别人留下不好的印象,影响他人对大学生个体内在品德的判断。第三,大学生的道德标准与礼仪规范不匹配。大学生的道德标准与礼仪规范的不匹配主要表现在各项礼仪程序中,看似遵守着礼

---

① 傅琼,吴其佑."明礼"与"崇德"的当下价值[J].学校党建与思想教育,2020(3):54-55.

② 游森.从德性身体到伦理秩序——由儒家工夫论开启公共伦理生活[J].天府新论,2022(5):59-66.

仪规范，做出相应的礼仪行为，但实际上并没有激发主体由内而外的道德流动，外在的行为也并未与道德标准相呼应。《礼记·大学》篇提出了一套完整的道德培育体系，即"三纲领"和"八条目"，"三纲领"是明明德、亲民、止于至善，"八条目"是格物、致知、诚意、正心、修身、齐家、治国、平天下。而现在的大学生对自我的道德标准较低，将礼仪规范简单视为在公交车上让座、不随手丢垃圾、不随地吐痰等，认为在公共场合做到这些就是一个合格的文明公民，但实际上与公民道德建设的"明礼"要求还相差甚远，跟古人设定的道德目标还存在很大差距。

### 三、大学生现实有礼与虚拟失礼并存

在实际调研过程中，大学生群体表现出来的整体礼仪素质较好，在言语、行为、动作等方面都表现得文明礼貌、彬彬有礼，但从线下迁移到线上的时候，很多大学生在网络空间的表现并不良好，甚至出现了失礼、失范的问题，总体呈现出现实有礼与虚拟失礼并存的情况。在网络空间的生活中，大学生虚拟失礼主要表现在网络游戏中。礼是承载文化信息的主要工具，是承载中华民族独特气质的主要载体[①]。失礼是指失去礼貌与礼节。大学生网络游戏中的失礼是指在游戏中与其他玩家交流时缺乏礼貌和礼节的行为，实际上是对基本道德准则和社交伦理规范的无视和破坏。作为语义层面——礼貌的广义反义词，失礼通常发生在人际交往过程中，是一种主体间故意无理、有冲突的交流[②]。大学生在网络游戏中的失礼不能简单等同于现实生活中的失礼，因其发生场域从现实生活转换到网络空间，失礼的类型、方式、程度都发生了改变，而且在游戏中往往很难观

① 傅琼，汤媛.裂变与重构：礼仪文化建设与乡村社会治理研究［J］.江西社会科学，2020（10）：210-218+256.

② BOUSFIELD. Impoliteness in Interaction［M］. Amsterdam： John Benjamins Publishing Company，2008：72.

测到大学生虚拟失礼的单一特征，通常情况下失礼表现为态度—语言—行为多重特征的连续和综合过程。

第一，态度偏向性。网络游戏作为大学生因趣缘而结合在一起的一种消遣、娱乐、交友的方式，有效缓解了大学生在现实生活中遇到的学业、事业、家庭等多重压力。尤其是团队竞技类游戏特别强调队友之间的配合度与默契度以及玩家对待游戏的态度，通过共同的努力最终实现预定的游戏目标。作为社会生活中一种常见的心理现象，态度是对某物或者某人的一种喜欢或者不喜欢的评价性反应，是在基本判断后作出的表达，同时也是行为主体做出决策的前提条件和决定因素。网络游戏中大学生失礼则意味着态度上明显的偏向性，背离了人际交往中原初设定的基本准则和道德规范，如尊重、礼让、慈敬、友善等，往往可以通过认知、情感、行为意向三要素进行判断①。认知是情感和行为意向的前提，情感表达和行为意向是认知的最终外化形式，三者从不同的角度考量了失礼问题发生时态度的偏向性。就认知而言，它本身是一个复杂的系统，通过人对事物本真的认识解码世界的运行逻辑和发展规律，从而实现物质世界与精神世界的交互作用。礼仪认知则是一个人对礼节、礼貌和仪式的总体了解情况，这其中包括基本认识、个人理解、转化实践等过程。网络游戏中出现的失礼问题说明大学生对礼仪缺乏了解或是认识不足，以及在认知基础上的理解和后期的实践均处于低级阶段，使得态度整体偏向于负面、消极、懈怠而不自知。就情感而言，它是一个人的情绪表达或体验叙述，往往是态度中最难把控和监测到的隐藏影响因素。它既有极化的倾向同时又具有从一个极端向另一个极端转化的可能，对态度的最终表现具有重要影响。礼仪情感是个体对礼仪的态度彰显，如喜欢—厌恶、认同—否定、遵照—违反等，而失礼则表明大学生在网络游戏中礼仪情感的表达偏向于否定、甚

---

① BALAHUR A. Sentiment analysis in social media texts [C].Proceedings of the 4th workshop on computational approaches to subjectivity, 2013: 120-128.

至是厌恶，最终升级为违反。就行为意向而言，它是对未来反应倾向或行为的一种准备状态，呈现出欲发而未发的心理态势，是个人态度表达的前一个阶段。礼仪行为意向是个体合礼行为之前的心理准备状态，往往外化的礼仪行为呈现出向善、崇真、尚美的道德追求。而失礼说明在行为意向上就站在了有礼的对立面，并试图将失礼从行为意向转向行为落实。

第二，语言粗暴化。网络游戏尤其是竞技类游戏，强调玩家之间的协作和配合，通过开麦（队伍）交流实现队友之间的战况分析和战局部署，而打开全部麦则可以将自己所要表达的内容告诉本局的所有玩家。实时语音的技术有效辅助队友间的交流与沟通，同时也滋生了失礼问题。根据相关报告显示，青年群体在上网时遇到暴力辱骂信息的比例为 28.89%，其中以"网络嘲笑和讽刺"及"辱骂或者使用带有侮辱性的词汇"居多，分别为 74.71% 和 77.01%。[①]该语言在游戏领域中被称作"毒性语言"（主要以粗俗恶心、暴力辱骂、不堪入耳的语言为主），这种语言对游戏中其他玩家的心理和精神产生了双重伤害，容易引发负面情绪的连锁效应。大学生在网络游戏中频出的失礼语言最明显的特征就是粗暴化。文明自语言发端。语言作为物质文化和精神文化的承载物，既是文明内涵的客观映射，同时也是创造文明、传播文明的有力工具。语言粗暴化从雅度和规范两个方面削弱了语言使用和表达的力量，从而衍生出消除不文明、不健康的语言治理问题。语言雅度是检测语言是否具有高雅性、审美性的标尺，而提高雅度是修饰、美化语言的重要方式。但游戏中种种失礼的"毒性语言"往往不具备雅度，更谈不上美的层面，深层反映了虚拟人物背后操作者的礼仪素养缺乏、文明意识衰退等问题。语言规范则强调在合适的场合运用合适的语言，而大学生网络游戏中的失礼语言破坏了游戏环境中的语言秩序，同时还将不文明

---

① 李培林，陈光金，张翼 .2019年中国社会形势分析与预测[ M ].北京: 社会科学文献出版社，2019：189-190.

语言在队伍甚至全局游戏中蔓延开来，使得失礼现象从个例升级为群像。大学生虚拟失礼则违背了以和平方式处理矛盾和冲突的日常观念而表现出语言粗暴化。

第三，行为非理性化。网络游戏作为大学生网络空间虚拟生活的重要内容，遵循着两种社交发展方向：由面识关系的朋友发展为游戏好友，或由游戏好友发展为社交媒体上的好友甚至具有面识关系的好友[①]。这种游戏互动既有助于陌生玩家之间的关系破冰，同时也帮助熟人关系的维系、巩固和增进，拓展了社交渠道、稳固了圈层关系。在享受游戏带来愉悦感、刺激感和紧张感的同时，失礼问题的频发无疑破坏了游戏原本真实的体验感，而其外化的特征就是行为非理性化。非理性是相对于理性而言，理性是西方传统哲学研究的核心概念，由此衍生出诸如"宇宙理性""认知理性""工具理性""价值理性"等多种形态。从本质上讲，行为非理性化是建立在缺乏事实和对话的认知基础上，行为主体自身情感、信念和无意识等非理性因素的外化体现[②]。大学生在网络游戏中的失礼即是在一种情绪激动的状态下产生的非理性行为，缺乏对游戏中队友、敌人的分析和判断，无意识地暴露自身负面、暴躁、不满的情绪。在游戏作战陷入焦灼、人物关系紧张状态下，玩家很容易忽视其他信息而陷入极易受暗示的心理状态，从而产生盲目从众的非理性的失礼行为。行为非理性化既反映于个体非理性行为之中，同时也会促成集体非理性行为，将个体的失礼行为上升为全队乃至多个队伍集体的失礼行为，使得整场游戏处于无端谩骂、非礼攻击甚至故意伤害的局面。由此造成的负面影响轻则损失了共同"开黑"的游戏好友，导致游戏账号被封，短期内无法上线继续游戏；重则导致其他玩家

① 董晨宇，丁依然，王乐宾.一起"开黑"：游戏社交中的关系破冰、情感仪式与媒介转移［J］.福建师范大学学报（哲学社会科学版），2022（2）：96-107+171-172.
② 张铁云，张昆.作为非理性的偏见何以可能——理性主义的偏好及其对西方跨文化传播的影响［J］.中州学刊，2022（8）：161-167.

产生心理上的问题，甚至从游戏中的失礼行为发展为线下的挑衅或约架。

大学生在现实生活中通常表现出彬彬有礼、真诚友善的文明形象，但在网络游戏中却常常情绪失控甚至失礼频出，呈现了现实有礼与虚拟失礼并存的局面。失礼问题简单地看是大学生在网络游戏中与其他玩家交流时未正确使用礼貌用语，并在此基础上升级为暴力辱骂和故意中伤。但深层分析不难发现，这其中隐藏着大学生群体在发展加速、内卷严重的社会阶段对自我遭受的压力和焦虑的转移，实际上是个体真实情绪在虚拟游戏中的一种表达和宣泄。

## 四、家庭、高校和社会的重视程度不足

在调查问卷的第三部分，设计了关于礼仪教育影响因素的相关问题，主要考察家庭、高校、社会、网络和自身对礼仪教育的多重影响。其中，家庭、高校和社会在大学生的成长过程中扮演着重要的角色，大学生的习惯和素养始于家庭、成于学校、行于社会，这三重维度构成了大学生礼仪教育的重要环节。然而，通过调查发现家庭、高校和社会对大学生礼仪教育的重视程度不足，主要表现在以下几个方面。

第一，家庭维度，父母长辈缺乏向大学生灌输礼仪的意识。在问卷的内容设计中，有37.64%的家长比较注重学习成绩，32.75%的家长比较注重道德品质，15.95%的家长比较注重兴趣爱好，仅有13.66%的家长注重在成长过程中对礼仪素质的培养。不可否认，在求学阶段，成绩对学生来说固然很重要，是对孩子学习能力和态度的考查。但礼仪素质和道德品质是帮助个人在人生道路上走得更远、更稳的关键因素。而关于另一道题目，父母长辈讲述礼仪教育的相关故事或事迹的频率，只有29.19%的父母会在教育过程中经常讲述相关事迹，而偶尔（43.42%）、很少（20.56%）和没有（6.83%）的比例依然很大，表明父母长辈缺少对大学生的礼仪灌输。从家庭

# 第一节 家庭礼仪教育的基础作用弱化

家庭作为个体生命诞生的初始场域，对个体的成长成人成才至关重要。家庭礼仪教育奠定了大学生礼仪素养形成、礼仪行为习惯培育的基础，良好的家庭礼仪教育有助于形成正确的礼仪认知，进而规范个体的礼仪行为。但在实际的礼仪教育过程中发现，家庭礼仪教育的基础性作用逐渐弱化，具体表现在家训家风家礼的教育、家长的综合素质和家庭的教育能力三个子维度，每个维度对礼仪教育的重要程度见表5-1。

表 5-1 家庭维度影响因素重要程度表

| 主维度 | 子维度 | 选项 | 频次 | 占比 |
|---|---|---|---|---|
| 家庭 | 家训家风家礼的教育 | 非常重要 | 651 | 27.64% |
| | | 比较重要 | 1156 | 49.09% |
| | | 一般 | 325 | 13.8% |
| | | 不太重要 | 124 | 5.27% |
| | | 完全不重要 | 99 | 4.2% |
| | 家长的综合素质 | 非常重要 | 682 | 28.96% |
| | | 比较重要 | 1289 | 54.73% |
| | | 一般 | 273 | 11.59% |
| | | 不太重要 | 64 | 2.72% |
| | | 完全不重要 | 47 | 2% |
| | 家庭的教育能力 | 非常重要 | 524 | 22.25% |
| | | 比较重要 | 1263 | 53.63% |
| | | 一般 | 298 | 12.65% |
| | | 不太重要 | 197 | 8.37% |
| | | 完全不重要 | 73 | 3.1% |

## 一、家训家风家礼弘扬效果欠佳

由上表可知，27.64% 的大学生认为家训家风家礼的教育对礼仪教育具有非常重要的影响，49.09% 的大学生认为家训家风家礼的教育对礼仪教育具有比较重要的影响。总体而言，76.73% 的大学生认为家训家风家礼的教育对礼仪教育具有重要影响。家庭和谐氛围的形成离不开家训、家风、家礼的宣传和弘扬，但在实际调查中发现这三者的弘扬力度不够，导致礼仪教育发挥的效果不佳。

第一，家训传承出现断层的局面。家训是指家庭对子孙立身处世、持家治业的教诲。家训既是中国传统文化的重要组成部分，也是家庭文化的重要组成部分，对个人修身养性、素质提升具有重要作用。在中国古代社会，很多明哲、大家都有一套治理家庭事务、家族事情的训诫，如司马迁的《家范》《王阳明家训》《曾国藩家训》《颜氏家训》《了凡家训》等，这些训诫通常以简洁凝练、饱含深意的语句对家庭成员产生约束作用，对后代具有警示教育意义。家训之所以广受人们推崇，主要是因为它的主旨内容积极向上，且有明确的正反指向，如推崇忠孝节义、教导礼仪廉耻等；对于提倡什么、禁止什么，均有清晰、明确的规定。但现在家训传承得并不好，甚至出现了断层的情况。且现在几乎很少有家庭还保留着先祖留下来的家训，大都在世代层累中丢失了，即便有保存下来的文献资料或抄写本，基本也很少翻阅浏览，更不用说去深度理解其中的内涵深意，并将之传递给下一代。家训是一个家庭、家族中的祖先对后人、长者对晚辈的重要教诲和训诫，涉及到为人处世、待人接物、成才成人等多方面的内容，而当前家训传承出现的断层问题导致对大学生的礼仪教育过程中缺少了这样一份家族传承的宝贵资源。家训在家庭、家族中的传承缺少连续性、延续性，由此导致了某些良好训诫内容的遗失。

第二，家风传承效果不明显。家风又称门风，是一个家庭或家族的风尚、风气，体现了家庭或家族成员的精神风貌、道德品质，展现了独特的家庭文化气质和品格。通常而言，家风具有榜样性和社会性，良好的家风不仅给家庭带来益处，约束和规范家庭成员的言行举止，同时还在社会层面发挥着陶冶社会成员、培养高尚情操的作用。家风需要通过家庭或家族成员身体力行、言传身教的方式，将良好的风气传承下去，家风传承效果不明显主要表现在代际之间传承出现问题以及长辈对晚辈的日常灌输缺乏。通过调查发现，当下的现实情况是很多家庭一方面没有形成固定的、成文的、明确的、优良的家风，另一方面在家风传承方面也有所欠缺。家风是一个家庭为后人树立的正确的价值准则，是一个家族世代相传的风气、风尚，良好的家风有利于构建和谐、友爱、文明、健康的家庭环境，而在这样家庭中成长的个体也必定是善良正直、勇敢忠诚的人。但在大学生的成长过程中由于缺少对家风的了解，导致其在道德品质、美德伦理等方面有所欠缺，再加上家长没有将家庭中良好的风气传承下来，并通过教育、教化的方式传输给大学生，在日常生活中没有树立起良好的榜样，更有甚者向大学生灌输消极、负面的东西，导致大学生形成错误的观念，从而在言行举止上失礼、失范。

第三，家礼教育缺位。家庭是人生的初始起点，而礼则是个体立身的基础。正如《论语·泰伯》所言："兴于诗，立于礼，成于乐。"[①]"家礼"既指规范、准则意义上的家礼家仪，又指教化、规诫活动[②]，是由礼义、礼仪、礼节、礼制、礼器、礼乐、礼教、礼俗等构成的礼文化体系[③]，这些伦理规范制约和调整着家庭日常生活，维系了家庭生活的稳定与发展。家礼教育即家庭礼仪的教化和涵育，对家庭生活良好秩序的维系、对家庭成员关系的调适以及子

---

① 阮元.十三经注疏［M］.北京：中华书局，1980：2487.
② 陈延斌.中华传统家礼文化及其时代价值［J］.伦理学研究，2024（2）：51-58.
③ 陈延斌，王伟.传统家礼文化：载体、地位与价值［J］.道德与文明，2020（1）：124-129.

弟品德的培育发挥着重要的作用①。家礼教育是个体成长的必修课，旨在将家庭生活中的礼仪规范传输给大学生，在潜移默化中实现对大学生内在道德品质和外在礼仪行为的教育，其作用不仅体现于个体自身，更关涉个体与群体的关系、家庭在某地区的影响力乃至社会整体的礼仪风气。当前家礼教育的缺位，使得原本在个体成长过程中应该接受的礼仪教育缺失，将会给个体造成非常大的影响。因为人的成长只有一次，如果没有在恰当的成长阶段灌输正确的礼仪思想、道德理念，可能会导致个体对礼仪知识认知的不正确、不完善，不利于个体形成文明礼貌、谦虚礼让、和谐仁爱的礼仪思想。

## 二、部分家长的综合素质还有待提高

由上表可知，28.96% 的大学生认为家长的综合素质对礼仪教育具有非常重要的影响，54.73% 的大学生认为家长的综合素质对礼仪教育具有比较重要的影响。总体而言，83.69% 的大学生认为家长的综合素质对礼仪教育具有重要影响。随着生活水平的提升和生活观念的差异，原本中大型的家庭结构已经逐步转变为小微型结构，家庭纵向结构从"4+2+1"的模式发展为"2+1"的模式。家庭结构和家庭成员的变化会影响对下一代的教育，在家庭环境中成长起来的下一代尤其受到家庭成员自身素质的影响，主要是家长的文化素质、礼仪素质和道德素质。

家长的综合素质是一种集聚的、内在的东西，对大学生实施成功的礼仪教育需要家长具备较高的文化素质、礼仪素质和道德素质，但实际上部分家长在这三方面还存在着欠缺。第一，家长的文化素质有待提高。文化素质是指人们在文化方面所具有的较为稳定的、内在的基本品质，表明人们在知识及与之相适应的能力、行为、情感等综合发展的质量、水平。文化素质不仅仅是通过学校教育获得

---

① 陈延斌.中华传统家礼文化及其时代价值［J］.伦理学研究，2024（2）：51-58.

的科学文化知识，更包括哲学、历史、文学、社会学等多学科知识及社会生活的常识性知识和实践活动的经验性知识。它表现了个体对文化基本知识的了解、认知和应用程度，综合反映了个体的认知水平和思维能力，影响其行为表现和行为决定。而有部分家长的文化素质有待进一步提高，在对大学生进行礼仪教育时，自身关于礼仪知识、礼仪文化的了解较少，很难对大学生施以正确的引导和教育，所传输的知识内容存在片面性、主观性甚至还有一些错误。自身文化素质低下的家长很难把完善的、正确的、科学的知识传输给大学生，给大学生带来良好的教育，这就使得大学生不能接受到相关的教育，从而在行为表现上出现各种各样的问题。

第二，家长的礼仪素质有待提高。礼仪是人们在公共生活中认可且共同遵守的行为准则和仪式规范的总和。在社会交往领域，它以建立和谐的人际关系为目标，具体包括个体的仪容仪表、言谈举止、待人接物等。礼仪素质则表现为人们在日常生活中通过展现礼仪行为而形成的一种文明素质，它直接体现于个体的外在形象，综合反映了个体的内在素养。在家庭生活中，家长的礼仪素质直接与晚辈的行为习惯相关联，对晚辈的举止行为、文明素养具有重要的影响。但在现实生活中，家长的礼仪素质还有所欠缺，需要进一步提高。一方面，家长的不良行为会对大学生产生负面影响。传统的家长制在大部分家庭生活中仍有延续，家长不仅在经济上掌握着绝对的权力，在其他事情上也拥有绝对的支配权。因而，家长的某些不良行为可能会对晚辈产生直接的负面影响，同时晚辈在某种权威之下还不能给予及时的反馈和纠正，导致这种负面影响持续的时间更加长久。另一方面，部分家长对晚辈和自身具有双重标准。家长作为晚辈的监护人和引导者，应当以身作则，坚持"敬人、自律、适度、真诚"的交往原则，以文明的言行举止展开社会交往，为晚辈树立良好的榜样。但部分家长不注重自身的举止行为，在实际生活中自己做不到礼貌待人、文明用语、尊老敬贤，经常出现言语粗鲁、随意插队、不尊重长者、不爱护幼者的行为，却常常要求晚辈待人礼貌、做人谦虚、遵守规范，这种对自己和对晚辈的不同要求，实际上是双重标准的体现。

第三，家长的道德素质有待提高。道德素质是人们的道德认识和道德水平的综合反映。家长的道德素质是其内在品质的体现，不仅成为个体社交活动的核心竞争力，更是形成社会和谐氛围的重要因素。党的二十大报告指出，中国式现代化的本质要求之一是创造人类文明新形态，文明意味着道德素质的提升。中国式现代化实际上也就是人的现代化，更具体而言是人的道德素质的现代化。"国无德不兴，人无德不立。"[①]道德素质对于个人而言，是人之为人的本质揭示，也是立于社会的根本。而部分家长的道德素质还有待提高，道德素质能够通过代际传承和日常教育的方式传输给大学生，从而影响着大学生的品质、习惯和行为的形成与固化。道德素质会对大学生产生潜移默化的影响，良好的道德素质会推动大学生的健康成长，不好的道德素质则会阻碍大学生的健康成长。道德素质作为潜隐的因素，需要充分发挥个体的主动性，因为"主动性一旦无法充分调动，人处于被动应付、无所作为的精神和行为状态，其思想道德素质就达不到现代化发展所需的切实要求"[②]。

### 三、部分家庭的教育能力有所欠缺

由上表可知，22.25% 的大学生认为家庭的教育能力对礼仪教育具有非常重要的影响，53.63% 的大学生认为家庭的教育能力对礼仪教育具有比较重要的影响。总体而言，75.88% 的大学生认为家庭的教育能力对礼仪教育具有重要影响。家庭的教育能力体现了家庭对教育的投入和重视程度，家庭教育主要通过家长来实现。一个良好

① 习近平. 习近平谈治国理政［M］.北京：外文出版社，2014：168.
② 王玫瑶.中国式现代化视域下人的现代化思想道德素质提升探析［J］.思想政治教育研究，2023（5）：42-48.

的家庭环境由很多因素构成，如和谐融洽的家庭氛围、正确积极的教育引导等，而家长作为家庭中的核心成员，其能力在教育孩子、决定事情上起到关键的作用。

观照现实来看，部分家庭的教育能力有所欠缺，这也是导致大学生礼仪教育出现问题的原因之一。第一，家庭在礼仪教育方面的实际教育投入偏少。家庭教育是学校教育和社会教育的基础，对个体的成长发展至关重要。但现实生活中，部分家庭在礼仪教育方面的投入较少，主要教育投入用于兴趣班、辅导班等，很少有家庭会送孩子去学习礼仪培训、茶艺培训、射礼等内容，从教育投入的内容可以看出家长对孩子教育的关注点和重视度。礼仪教育是一项内外兼具的教育实践活动，既关注内在礼义道德，也重视外化行为表现。因而，在这方面的教育投入又可以细分为礼仪知识的学习和外在行为的学习，但实际情况是家庭在这两方面的教育投入相对偏少，由此导致大学生礼仪知识的缺乏和行为的不文明。

第二，家长的教育理念落后、教育方法单一。在实际调查中，不少大学生在幼年时期由祖父母带大，由于社会发展和时代环境所限，导致老辈人的教育知识不够丰富，教育理念存在落后的情况，在教育孩子过程中容易出现错误、不科学的观念，缺乏系统化、全方位、多角度的教育。此外，家长的教育方法也较为单一。家庭的很多东西常伴有异化"传承"的现象，将好的和坏的不加分辨地传输给下一代。在教育方法上，家长们缺少恰当、正确、科学的方法。如果家长在教育孩子上仍沿用老辈们"棍棒教育"的错误方法，即秉持"棍棒底下出孝子""不打不成才"的陈旧观念，恐怕现在很多大学生都会产生逆反心理，甚至在失去理智的情况下还会与长辈还手，严重的还会导致自尊心受损，冲动之下容易产生过激的行为。时代在变化，传统的方法并不能起到良好的教育作用，反而会激增大学生的负面情绪，严重者可能会导致心理疾病，不利于大学生的综合发展。

　　第三，家长的教育效果较差。教育效果是检验教育成效的重要标准，良好的教育不是单一维度的，需要多方力量共同发力，才能实现教育力量和教育效果的最大化。家长作为一个家庭的核心成员，对晚辈的教育应当承担起相应的责任，但家长并非学校的专业教师，也没有接受过相应的培训，对晚辈的教育模式大多以经验为主，因而在大学生的教育上必然会存在各种各样的问题，如自身知识储备不够、缺乏耐心、专业性差、实际效率低等情况，加上很多家长工作繁忙、需要处理的事情较多，很难关注到大学生在礼仪方面的欠缺，也不能及时对大学生展开较为具体、详细、全面、有针对性的礼仪教育，从而导致礼仪教育的实际效果较差。

## 第二节　高校礼仪教育的关键作用缺位

高校是大学生学习知识、研究深造的重要场所，也是提升大学生综合素质的教育阵地。高校礼仪教育是相对专业、科学的素质教育，对大学生内在和外在具有重要的引导和规范意义。但通过调查发现，高校礼仪教育的关键作用缺位，具体表现在高校重视程度、教师礼仪涵养和高校课程设置三个子维度，每个维度对礼仪教育的重要程度见表 5-2。

表 5-2　高校维度影响因素重要程度表

| 主维度 | 子维度 | 选项 | 频次 | 占比 |
|---|---|---|---|---|
| 高校 | 高校的重视程度 | 非常重要 | 487 | 20.68% |
| | | 比较重要 | 1128 | 47.9% |
| | | 一般 | 374 | 15.88% |
| | | 不太重要 | 265 | 11.25% |
| | | 完全不重要 | 101 | 4.29% |
| | 教师的礼仪涵养 | 非常重要 | 568 | 24.12% |
| | | 比较重要 | 1276 | 54.18% |
| | | 一般 | 251 | 10.66% |
| | | 不太重要 | 142 | 6.03% |
| | | 完全不重要 | 118 | 5.01% |
| | 高校的课程设置 | 非常重要 | 524 | 22.25% |
| | | 比较重要 | 1197 | 50.83% |
| | | 一般 | 285 | 12.1% |
| | | 不太重要 | 236 | 10.02% |
| | | 完全不重要 | 113 | 4.8% |

## 一、部分高校对礼仪教育的重视程度不够

由上表可知，20.68% 的大学生认为高校的重视程度对礼仪教育具有非常重要的影响，47.9% 的大学生认为高校的重视程度对礼仪教育具有比较重要的影响。总体而言，68.58% 的大学生认为高校的重视程度对礼仪教育具有重要影响。高校是立德树人的重要阵地，但当前对大学生礼仪教育的重视程度不够，各部门、各院系没有对大学生礼仪教育投入足够的重视，在学习生活中更多注重外在的、可见的成绩和成果，而忽略了内在的、隐性的素质和涵养的培育。主要表现在以下几个方面：

首先，高校在教育资源分配上不合理。一方面是教师队伍建设不完善，缺少与礼仪教育相关的专业老师，为开展礼仪教育教学工作而配备的师资力量落后于现实的教学要求。部分高校礼仪教育的相关课程大多由缺乏专业礼仪培训的思想政治课教师担任，导致教学质量难以保证，礼仪教育的成效甚微。另一方面是对礼仪教育的资金投入欠缺，人文社科与自然科学的教育投入存在着明显差异是当前的普遍情况，且人文社科的财力投入要远少于自然科学等学科领域。因为自然科学的很多项目需要设备才能开展和进行，而人文社科类的教育活动往往只需要理论与实践的结合，较少需要外在的硬件予以支持。礼仪教育作为人文社科类的课程，需要充足的文化资源和场地支持，但部分高校图书馆关于礼仪方面的书籍资料较少，且与礼仪教育相关的课程仅是课堂的理论知识学习，缺少与之相匹配的社会实践活动。

其次，高校的教育总体上注重大学生成绩、研究成果超过礼仪素质、内在涵养。随着立德树人教育任务的不断深化，高校对大学生道德品行方面的教育逐步加强。由于个体内在礼仪涵养的潜隐性和不可测量性，且对这方面的培养需要花费较长时间，很难在短时间内看到成效。正所谓"十年树木，百年树人"，对大学生的教育

需要持之以恒、久久为功，这种教育与短时间、阶段性的成绩和成果不同，它伴随着人的一生，影响人在关键时刻的重要决定。所以在可衡量、可考评的学习成果面前，大学生的礼仪教育就稍显薄弱，这就导致很多大学生专注于钻研理论知识、忙于各种实验，缺乏一种礼仪意识，忽略了对自身礼仪修养的提升，再加上社会生活中较少参与礼仪实践活动，从而在人际交往中往往会出现言语不礼貌、举止不文明的情况，在认知和践行之间还存在一定距离。

最后，高校与礼仪教育相关的活动、比赛、报告、讲座等举办得较少，忽视了礼仪对大学生行为的软约束作用以及开展礼仪教育对大学生行为习惯、道德品行养成的重要意义。高校对礼仪教育的重视程度除了上述师资分配、资金投入、关注点以外，各项活动的开展也是一个重要因素。各种与礼仪相关的活动、比赛、报告、讲座不仅可以丰富大学生的礼仪知识，通过积极的参与和实践还可以提高大学生的学习兴趣。很多高校开展各项技能大赛、比赛的频次远远超过各类礼仪活动，一方面反映出高校在礼仪教育上的关注度不高；另一方面也减少了大学生的学习机会，这就使得大学生很少有机会能够参与到礼仪文化、礼仪实践的学习中。正由于这类活动组织得较少，大学生缺少与同学交流、沟通的机会，导致礼仪难以在实践中得以运用，大学生对礼仪的认知和理解就愈加浅显。各种活动、比赛、报告和讲座是开展礼仪教育的多元形式，礼仪相关活动的缺少直接影响着礼仪教育的成效。

## 二、部分教师的礼仪涵养有待提升

由上表可知，24.12% 的大学生认为教师的礼仪涵养对礼仪教育具有非常重要的影响，54.18% 的大学生认为教师的礼仪涵养对礼仪教育具有比较重要的影响。总体而言，78.3% 的大学生认为教师的礼仪涵养对礼仪教育具有重要影响。教师是高校教育工作的主要开展者和实施者，作为教育的主体，教师自身的礼仪涵养至关重要，是大学生成长过程中规范和完善自身行为的榜样和标杆。而当前高校部分教师自身礼仪涵养欠佳，或多或少存在着一些问题。

首先，部分教师礼仪素质有待提高。礼仪素质作为个体在社会交往中必备的基本素质，对个体的成长和发展具有重要作用。教师作为教书育人、授业解惑的主体，在礼仪素质的要求上自然比社会其他职业的人群更高。因为教师的言行举止不仅反映了自身的形象，同时还会给学生产生导向和示范作用。有些教师在授课或与学生的相处过程中，可能会因学生的某些特点给学生起外号，有时候会起到缓和课堂氛围、调节课堂节奏的效果。这种起外号的举动，如果不涉及到学生的隐私、不伤害学生的自尊，多数情况下是善意的。但有时候多次使用外号或者恶意起外号，往往会给学生造成心理压力，起到负面的效果，故意叫外号而不叫姓名也是不尊重学生的表现。此外，有些教师在公共场合遇到需要排队的情况，会选择直接插队或径直走向队伍的最前面，部分教师随意使用自身的特权，将自身的权威应用于不恰当的场合，这是不尊重规则的表现。这样的举止行为会给学生造成不良的示范效应，影响学生对教师的综合评价。

其次，部分教师职业道德有待加强。教师职业道德是指从事教学工作的脑力劳动者在教学实践中所应遵循的道德规范。教师是一份光荣的职业，作为人类文化科学知识的继承者和传播者，承担着为社会和国家培养人才的重任。学高为师、身正为范，品德高尚的人才可以进入教师的行业，将科学文化知识传输给学生，引导学生树立正确的世界观、人生观、价值观。但部分教师在教学或与学生的相处过程中存在着不合适、不恰当的言行举止，有些甚至严重违反了教师职业道德。教师在学识上虽然高于学生，但在人格上是平等的，部分教师会以高高在上的姿态与学生相处，这种居高临下的模式让学生产生了很强的畏惧感。有些教师会让学生处理自己的私事，如代取快递、接送小孩、帮忙做家务等等，这些事情的布置与安排不仅不合适，而且异化了教师与学生的关系，夹带着个人某些偏见和私心。部分教师出现的不良行为，反映出自身道德品行存在一定问题，需要进一步加强师德教育。

最后，部分教师行为举止还需要完善。礼仪涵养是内在的道德品质，需要通过外化的行为举止来体现。在校园生活中，教师是大学生最有可能的潜在模仿对象。在课堂上教师是文化知识的传播者和教授者，在生活中教师是大学生的影响者和引路人，他们的一举一动、一言一行都充分展现了个人的礼仪涵养。良好、文明的行为举止会提升教师的个人形象，带来积极的正面效应，促进尚礼、行礼风气的形成。而不文明的行为可能会让大学生对教师产生负面评价，如随地吐痰、乱丢垃圾等小事情，这些虽然是生活中很微小的细节行为，但往往很容易产生较大的波纹效应，即一个初始的小动作或事件在不同的系统中产生的连锁反应，从而暴露出教师自身在行为举止方面存在的问题。

## 三、关涉礼仪教育的课程较少

由上表可知，22.25% 的大学生认为高校的课程设置对礼仪教育具有非常重要的影响，50.83% 的大学生认为高校的课程设置对礼仪教育具有比较重要的影响。总体而言，73.08% 的大学生认为高校的课程设置对礼仪教育具有重要影响。教育主体、教育客体、教育环体和教育介体是思想政治教育的重要构成，而课程内容作为教育介体之一，是开展大学生礼仪教育必不可少的内容。当前大学生礼仪教育存在问题的原因除了上述两点之外，还有一方面是关涉礼仪文化的课程较少，大学生不能接受到完善的、全面的、体系化的礼仪学习。

首先，部分高校关于礼仪教育的课程开设的较少。高校课程设置需要兼顾学科知识的传授和综合素质的培养，主要包括学科课程、通识教育课程和专业教育课程。学科课程包括必修课程和选修课程，通识教育课程设计人文社会科学、自然科学、艺术等领域的教育课程，专业教育课程包括理论学习、实践操作、实习项目等。礼仪教育的课程既可以是文化类的学习课程，也可以是教育类的实践课程，也可以综合这两者，将理论学习与实践操作相结合。由于与礼仪教育相关的课程较少，这使得大学生不能很好地了解中国传统文化。礼仪文化作为中国传统文化的重要组成部分，是中华民族文明的象征。相关礼仪课程设置较少，导致大学生很难通过课程学习来系统把握礼仪文化的发展脉络，在学习过程中缺少了对礼仪文化的解读和深思，从而导致大学生对礼仪文化的认知不够完善和全面，不能形成体系化的礼仪知识，进一步使得大学生的礼仪修养得不到提升和完善。

其次，部分高校礼仪课程安排存在一定问题。对于不同的专业，礼仪教育课程的设置与安排应当根据专业特点进行调整。部分高校开设的礼仪课程的课时安排较少，且很多大学生选择礼仪教育的相关课程一方面是源于学分的设置，另一方面认为这类课程较为简单，是人际交往的基本礼仪规范，主观上轻视礼仪教育的课程，认为学习难度不大。短时间的礼仪课程学习造成大学生学习的节奏被打乱，导致大学生刚产生对礼仪学习的兴趣又因为时间关系而无法进一步深入学习，使得学习进度不能延续、学习内容不够全面。一些礼仪课程由于时间设置只是大致、笼统地介绍了礼仪的相关知识，缺乏系统的、全面的讲解，导致学生不能系统把握礼仪的知识内容。

最后，礼仪课程种类较少，形式过于单调，而且没有与其他课程结合起来。高校课程设置一般包括专业课、必修课和选修课这几种形式，且大多数课程属于理论知识传授类的课程，缺乏活动课、实践课等形式的礼仪课程，这使得礼仪的学习相对枯燥和乏味，不能激发学生的学习兴趣。单一的理论知识灌输，会导致大学生对礼仪的了解和理解过于片面，且课堂学习与课后实践没有融合起来，对礼仪的学习仅停留在知识层面，没有提升到实践角度，理论知识不能在生活实践中得以应用，在知行合一上有所欠缺。此外，礼仪课程的设置和安排不够多元化，缺少与其他课程的结合。礼仪课的学习不仅需要文化学的解读，也需要历史学的视野，更需要通过实践不断深化认知和理解。单一化的课程很难全面呈现礼仪的整体面貌和发展脉络，导致大学生的学习出现碎片化的情况，不能全面而系统地把握全貌。

## 第三节　社会礼仪教育的保障作用缺失

"社会是道德的试金石，人的道德彰显与评价主要在于社会。"①
道德是礼仪的内在支撑，社会不仅是个人道德的试金石，更是检验
个体是否具备基本礼仪素养的重要环境。大学生礼仪教育不是一蹴
而就的，它是一个渐进的过程，受多重因素的影响，需要根据社会
共同认可的礼仪规范不断修正、不断完善，从而提高个人文明素养、
规范礼仪行为。通过调查发现，社会在大学生礼仪教育过程中的保
障作用缺失，具体表现在社会思想和风气、社会礼仪氛围和弘扬礼
仪渠道三个子维度，每个维度对礼仪教育的重要程度见表 5-3。

表 5-3　社会维度影响因素重要程度表

| 主维度 | 子维度 | 选项 | 频次 | 占比 |
|---|---|---|---|---|
| 社会 | 社会思想和风气 | 非常重要 | 562 | 23.86% |
| | | 比较重要 | 1235 | 52.45% |
| | | 一般 | 276 | 11.72% |
| | | 不太重要 | 175 | 7.43% |
| | | 完全不重要 | 107 | 4.54% |
| | 社会礼仪氛围 | 非常重要 | 528 | 22.42% |
| | | 比较重要 | 1165 | 49.47% |
| | | 一般 | 348 | 14.78% |
| | | 不太重要 | 183 | 7.77% |
| | | 完全不重要 | 131 | 5.56% |
| | 礼仪的弘扬渠道 | 非常重要 | 491 | 20.85% |
| | | 比较重要 | 1206 | 51.21% |

---

① 高文苗.构建家庭、学校与社会联动的德育体系［J］.人民论坛，2019（18）：56-57.

续表

| 主维度 | 子维度 | 选项 | 频次 | 占比 |
|--------|--------|------|------|------|
| 社会 | 礼仪的弘扬渠道 | 一般 | 395 | 16.77% |
| | | 不太重要 | 155 | 6.58% |
| | | 完全不重要 | 108 | 4.59% |

## 一、受社会不良思想和风气的影响

由上表可知，23.86% 的大学生认为社会思想和风气对礼仪教育具有非常重要的影响，52.45% 的大学生认为社会思想和风气对礼仪教育具有比较重要的影响。总体而言，76.31% 的大学生认为社会思想和风气对礼仪教育具有重要影响。在发展愈加迅速、全球联系更加紧密的时代，思想文化的碰撞成为文化领域交流交融的重要方式，传播中华文化、传承中华文明成为鲜明的时代主题。也正是由于这样的契机，使得西方的思想文化大量涌入我国，质量难免粮莠不齐、好坏参半。

首先，西方社会崇尚的"个人主义""拜金主义""享乐主义"等思想，其中包含的利己性、虚无化、泛娱乐化等不良思想不仅违背了社会公序良俗，而且还容易误导大学生对中华优秀传统文化的理性认知，对大学生正确价值观念的形成产生不利影响。从中西方社会制度形式来看，西方的资本主义制度和我国的社会主义制度是两种不同的社会制度，资本主义是一种以私有制、市场经济和自由竞争为基础的制度，而社会主义则是以公有制和公有财产为基础的制度。在不同的制度基础上，中西方的思想观念也有很大差别。西方的"个人主义"强调个人自由和个人利益，是一种个人至上、以个人为中心处理人际关系、开展社会活动的世界观。我国是以集体、社会、国家为单位，强调集体利益优先于个体利益，同时更注重共同体思想，如人类命运共同体、中华民族共同体、学术共同体、乡村共同体、治理共同体等等。西方的"拜金主义"是一种把金钱视为具有无限神力的观念和思想体系，把金钱看作是万能的，将其作为衡量一切价值的标准。我国在物质和精神方面，提出"中国式现代化是物质文明和精神文明相协调的现代化"①，同时更加注重精神世界的丰盈和精神生活的丰富。西方的"享乐主义"主张当前的快乐是人类行为的最高准则，人的行为目的是寻求当前的快乐或逃避眼下的痛苦，亦即及时行乐。我国的优良传统则强调艰苦奋斗、吃苦在前、享乐在后。西方的"个人主义"会冲击我国长期以来形成的集体思想和共同体思想，"拜金主义"会诱导大学生加强对物质的追求，"享乐主义"会淡化艰苦奋斗、吃苦耐劳的精神，这些不良思想观念不利于大学生树立正确的价值理念。

其次，社会上存在着丑化、扭曲、诋毁、抹黑、戏谑、调侃历史人物、英雄人物、革命人物的事件，所形成的不良风气以及产生的不良社会效应严重影响了主流价值观念和主流意识形态的传播。从本质上来看，这种行为和方式表露了一种解构崇高、丑化形象的西方文化，试图通过部分细节代替整体、主观臆想当作客观事实等手法，重塑人们对历史人物、英雄人物、革命人物等的正确认知和了解，以实现"搞乱人心，煽动推翻中国共产党的领导和我国社会主义制度"②的不可告人目的。随着网络技术的广泛应用和快速发展，产生了许多躲在网络虚拟空间中利用键盘恶意杜撰历史人物、英雄人物、革命人物等人物事迹的"键盘侠"，他们利用对我国历史人物、英雄人物、革命人物等人物事迹的片面理解，放大某些局部事实，刻意挖掘负面材料，并加入个人的主观猜测，对其形象进行丑化和诋毁，利用网络浏览、转载获得关注和点赞，以此赚取流量，满足

① 习近平.高举中国特色社会主义伟大旗帜 为全面建设社会主义现代化国家而团结奋斗：在中国共产党第二十次全国代表大会上的报告［M］.北京：人民出版社，2022：22.
② 梅萍，吴佳珍.困境与破解：新时代弘扬英雄精神的现状审视与路径探索［J］.河南工业大学学报（社会科学版），2023（1）：98-104.

其病态心理。这种行为不仅严重损害了历史人物、英雄人物、革命人物等人物的形象，造成了不良的社会风气，同时更不利于发扬"礼仪之邦"敬畏历史、尊崇英雄的传统美德。

最后，传统"孝"文化的没落。"孝"属于中国家庭伦理道德范畴，体现在家庭的纵向结构中，具象化为晚辈对长辈的尊重、照顾、奉养和顺从，从而展现了家庭代际之间浓烈的血缘亲情。但当今社会不赡养老人、虐待老人的事件时有发生，反映了当代年轻人孝顺老人的意识淡薄。在城市快节奏生活中，许多年轻人经常感到职场压力、家庭压力，陷入各种焦虑之中，使得他们疏于对长辈的关心和照顾，久而久之这种"孝"的思想逐渐淡化，从而导致传统美德的传承出现断裂。

## 二、社会礼仪氛围缺失

由上表可知，22.42% 的大学生认为社会礼仪氛围对礼仪教育具有非常重要的影响，49.47% 的大学生认为社会礼仪氛围对礼仪教育具有比较重要的影响。总体而言，71.89% 的大学生认为社会礼仪氛围对礼仪教育具有重要影响。社会环境对人的行为具有一定的规范和调控作用，"良好的社会礼仪氛围承载着社会主流价值观和道德观，礼仪氛围的缺失带来的则是扭曲的行为准则和规范"[①]。社会是检验个体礼仪素养的大熔炉，良好的氛围有助于大学生形成知礼、明礼、行礼的意识，而社会氛围的缺失则会导致大学生对礼仪的理解不深入、礼仪的践行不明显。

首先，社会上存在着一些不文明、不礼貌、不规范的现象，这些现象的出现和发生从侧面反映了当前社会礼仪氛围的缺失。氛围是在一定空间或时间内所形成的一种特定的环境气氛，社会礼仪氛围则可以理解为在社会环境中形成的崇尚礼仪、践行礼仪的美好风

---

① 刘洪洪.大学生礼仪现状及教育策略探析［D］.长春：吉林大学，2016：38.

尚。但当前社会上存在的一些负面现象，导致礼仪氛围的营造出现问题。如公共场合有人不遵守尊老爱幼的规范，公交车上、地铁上的抢占座位、争抢排队等；在景点的不文明行为，如乱丢垃圾、随意插队、刻字留念等，这些不文明的行为举止甚至出现在国外的某些旅游景点。近年来，网络上经常有关于中国游客在境外旅游中存在不文明行为的报道。有些游客不了解他国的风俗，出现了违背当地风俗的言行举止，使用禁忌词汇或言行不当等等，这些负面现象不仅反映了个人的行为，更影响着中国的国家形象。此外，在社会交往中，一些人习惯使用"喂""哎"这类不礼貌的词，而不是"您好，打扰一下""您好，请问……"等短语，这也是个人缺乏礼貌、不尊重他人的表现。这些不文明、不礼貌、不规范的现象潜移默化地影响着社会秩序的建立与维系、社会风气的涵养与培育。

其次，现代社会快节奏的生活下人们忽略了礼仪教育的规范和引导作用。现代社会存在着内卷、竞争、压力等问题，很多人在繁忙的工作之后无暇顾及自身的教育问题，尤其是更加日常化的礼仪教育。在个人的家庭生活中没有为晚辈营造一个知礼、行礼的良好环境，在群体的交往活动中没有注重自身的言辞谈吐和举止行为，从而给晚辈、他人留下了不好的印象。正是由于忽视了礼仪教育的规范和引导作用，导致个体在社会大环境中不善运用礼仪，不善通过礼仪行为来提升和美化自身形象。久而久之，礼仪教育的积极功能逐渐淡化，人们在日常生活和社会交往中践行礼仪的意识弱化，导致社会环境中的礼仪氛围不够浓厚；礼仪氛围的缺失反过来又会影响礼仪教育的开展和实施，影响礼仪教育作用的展现。

最后，礼仪教育的隐性功能发挥欠佳。社会礼仪氛围除了需要发挥礼仪教育显性的规范和引导作用，同时也不能忽视礼仪教育隐性功能的发挥。礼仪教育的隐性功能相较于礼仪教育显性功能而言，是指在礼仪教育过程中实现的非计划、非预期的效果。礼仪教育通过耳濡目染、熏陶净化等方式实现对个体潜移默化的改变和浸润涵化的教育，这种方式可以视为礼仪教育的隐性功能。社会相比于家庭而言，属于公共的社会环境，因而社会公共场合的礼仪规范是对全体社会成员适用的。但礼仪教育形式的弱化导致礼仪教育隐性功能发挥欠佳，人们难以通过多元化的方式了解和认识礼仪。

## 三、礼仪的弘扬渠道较窄

由上表可知，20.85% 的大学生认为礼仪弘扬渠道对礼仪教育具有非常重要的影响，51.21% 的大学生认为礼仪弘扬渠道对礼仪教育具有比较重要的影响。总体而言，72.06% 的大学生认为礼仪弘扬渠道对礼仪教育具有重要影响。相比于家庭而言，社会是具有公共性、共享性的中观环境，社会所起到的效应范围是包括大学生在内的广大社会成员。因此，要利用好社会各大平台加强价值引导和文化传承。但现实情况是礼仪的弘扬渠道较窄，很多资源没有很好的利用起来，导致社会知礼、明礼、行礼的风尚没有真正流行起来。

首先，传统纸质宣传媒介的消退。作为一种传统的信息传播与交流方式，纸质媒介是以纸质材料为载体、以印刷（包括手写）为记录手段而产生的一种信息媒体。它包括报纸、图文、期刊及特种文献等类型。19 世纪中期到 20 世纪初，报纸实现了从"小众"到"大众"的过程，开始盛行起来，开创了大众传播的时代。但纸质出版物由于纸质载体的限制，所刊发的信息容量相对有限，且文字、图片等内容一经刊印，更改难度很大，导致对信息的传播较为困难。因为老人和孩童的阅读习惯更倾向于纸质材料，同时纸质阅读带给人的感受更加真实和丰富，相较于数字化阅读造成的眼睛疲劳、干涩、疼痛以及烧灼感等问题，老人和孩童更喜欢通过纸质媒介获得礼仪文化、礼仪教育的相关信息。但随着网络时代的到来，以报纸为常见载体的传统纸质媒介广而告之的效果以及宣传作用大为降低，从而导致通过纸质媒介弘扬礼仪文化、宣传道德模范事迹的情况越来越少，也就使得个别年龄阶段，如老人、孩童等人群不能通过纸质媒介了解中华优秀传统文化。

其次，公告栏、宣传栏这类媒介使用频率低。数字化时代的到来，使得人们获取信息、传播信息的方式更加多元化，人们的学习、工作、生活几乎不能脱离网络空间。网络生活本身作为现实生活的延伸和扩展，是方便人们交流、沟通的存在。但实际情况是部分人群由于社恐、压力、焦虑等原因，以"宅生活"作为日常生活模式，进而通过网络生活获得各种信息，从而忽视了社区、学校、单位、公共场所等地方设置的公告栏、宣传栏等媒介。一般而言，这些场所都会设置公告栏、宣传栏等橱窗，其目的是定期更新相关通知和提醒，但实际上这些区域张贴的杂乱广告过多，且闲置时间较长，甚至有的公告栏、宣传栏的设施破败、年久失修。由于没有充分利用这些橱窗弘扬礼仪文化、及时更新优秀人物事迹，使得这些原本作为宣传载体的设置成了摆设，没有起到实际的宣传、告知、教育的作用。

最后，新兴软件过于繁杂、实际效果差。随着网络技术的快速发展，很多新兴软件应运而生，这些软件往往注重生活性而忽略了教育意义，所起到的实际的宣传效果不尽如人意。近几年抖音、快手、小红书、哔哩哔哩等软件的火爆，受到了广大年轻人的喜爱，但这些平台根据大数据和个人信息的收集，推荐的信息和内容往往从丰富转向单一，且内容的同质化特征非常明显，存在着内容重复、情节相似的情况。同时，网络直播的火速发展，大量主播为了获得流量、赚取利益，在创造内容上充斥着低级趣味的内容，还有一些人故意引导舆论走向。新兴软件的开发和使用，并没有使礼仪的弘扬和传播渠道得到进一步扩展，平台所发布的内容以追求利益为主，少有公益性的内容，对礼仪文化、礼仪知识等内容的宣传和介绍少之又少。当前现状是各大软件虽然很多，但娱乐性、利益性的内容明显多于普及性、教育性的内容，关涉中华传统礼仪文化的内容较少，同时已发布的相关内容在质量上也有待提高。

## 第四节 网络礼仪教育的扩展作用隐化

网络的迅速发展，不仅使其成为人们日常生活的交流工具，更在时间和空间上为礼仪教育的开展拓宽了场域。通过调查发现，网络在大学生礼仪教育过程中的扩展作用隐化，具体表现在网络自身特性、网络平台监管和网络空间治理三个子维度，每个维度对礼仪教育的重要程度见表5-4。

表5-4 网络维度影响因素重要程度表

| 主维度 | 子维度 | 选项 | 频次 | 占比 |
|---|---|---|---|---|
| 网络 | 网络自身特性 | 非常重要 | 493 | 20.93% |
| | | 比较重要 | 1238 | 52.57% |
| | | 一般 | 275 | 11.68% |
| | | 不太重要 | 223 | 9.47% |
| | | 完全不重要 | 126 | 5.35% |
| | 网络平台监管 | 非常重要 | 469 | 19.92% |
| | | 比较重要 | 1239 | 52.61% |
| | | 一般 | 281 | 11.93% |
| | | 不太重要 | 247 | 10.49% |
| | | 完全不重要 | 119 | 5.05% |
| | 网络治理效果 | 非常重要 | 472 | 20.04% |
| | | 比较重要 | 1254 | 53.25% |
| | | 一般 | 269 | 11.42% |
| | | 不太重要 | 193 | 8.2% |
| | | 完全不重要 | 167 | 7.09% |

## 一、网络自身特性提供前置背景

由上表可知，19.92% 的大学生认为网络自身特性对礼仪教育具有非常重要的影响，52.61% 的大学生认为网络自身特性对礼仪教育具有比较重要的影响。总体而言，72.53% 的大学生认为网络自身特性对礼仪教育具有重要影响。网络的发展与繁荣拓展了人们的生活空间，人们逐渐从现实生活转向虚拟生活，在网络空间中建构起不同于现实生活的网络空间生活模式。而网络空间的开放性、快捷性、交互性、自由性、隐匿性等特征虽然有其积极的一面，但同时也给网络礼仪教育的开展埋下了隐患。互联网的发展和科技的进步共同推动了网络空间虚拟生活的产生和发展，渐渐地将人圈囿于虚拟的网络空间里，使原子式个人的社交方式从传统的线下见面转化为网络社会的人际交往，而其所处的社会关系网络也从传统乡村中的"熟人社会"向网络空间的"陌生人社会"转型。网络空间的虚拟生活作为部分大学生逃离现实生活，寻找精神寄托、心灵慰藉和情感归属的新型生活模式，无疑为许多大学生开辟了"在空间上与平常生活脱离"[①]的圣地，使其沉溺于自己"编织的意义之网"[②]中，尽情享受虚拟世界带来的愉悦和快乐，但却忽略了网络空间自身属性的弊端。

生态论思想认为，任何现象的出现都根植于环境潜移默化的作用，而且问题的形成和扩大都需要一定的现实条件作为支撑。网络礼仪教育扩展作用的隐化是以其隐匿性特征作为展衍的前提条件。事实上，网络空间已逐渐从具有工具性质的存在场域转变为人们必不可少的生活时空，为大学生群体创造了一个畅游其中、舒缓压力的虚拟生活世界。隐匿性作为网络空间的主要特征之一，它把现实生活中交往双方及其所发生的场景均拟态化了，从而为各种网络失

① 赫伊津哈.游戏的人：文化中游戏成分的研究［M］.何道宽，译.广州：花城出版社，2007：20.
② 格尔茨.文化的解释［M］.纳日碧力戈，等，译.上海：上海人民出版社，1999：5.

礼、失范行为的发生提供了便利且隐蔽的条件。一方面，在网络空间的虚拟生活中，所有使用和进入网络空间的主体均以数字化昵称作为身份符号，构建了一个基于现实人物的虚拟身体，操控"作为现实身体的意象投射和符号化身的替代性存在"①的虚拟身体实现与其他网友的交流互动。因而网友之间出现任何矛盾和冲突，所能查找及核实的对象仅是以数字化昵称作为符号象征的虚拟身体，后续采取的仅是对其监控，或者情形严重者的封号处理，而这些惩罚和处理均无法真实地抵达到虚拟身体背后的操作者，这也成为部分大学生在网络生活中失范、失礼甚至无所谓监控或封号的客观原因。另一方面，网络空间的隐匿性消除了不同身份的差异，使得进入网络空间的所有网友一律平等。相较于现实社会而言，网络空间没有设定过多的要求和门槛，任何人均可以通过注册账号、登记虚拟信息而进入到网络生活中。由于网络空间自身的隐匿性，未对某些信息进行过滤、筛选或识别，导致一些不文明、低素质的网友将现实生活中种种失范、失礼的行为恶意暴露于网络世界中，从而导致网络生态遭到破坏、网络秩序受到扰乱。

## 二、网络各大平台监管不力

由上表可知，20.93% 的大学生认为网络平台监管对礼仪教育具有非常重要的影响，52.57% 的大学生认为网络平台监管对礼仪教育具有比较重要的影响。总体而言，73.5% 的大学生认为网络平台监管对礼仪教育具有重要影响。网络空间的隐匿性作为前置因素，是网络礼仪教育效果不佳的客观原因，那么平台监管则处于整个链条的中端位置，是影响后续网络空间治理的重要环节。

网络平台监管相比于网民的自我监管，属于第三方监管，具有外显性和可测度性的同时，又具有滞后性和延迟性等特征。网络礼仪教

---

① 胡玉宁. 剧本杀：青年浸入游戏叙事的认知图式及其文化嵌入 [J]. 中国青年研究，2022（9）：18-26.

育既需要大学生主体进行自我礼仪教育，同时也需要外在的力量进行调控和监管。当前网络各大平台监管不力，主要表现在以下几个方面：首先，网络空间是一个庞大且复杂的虚拟空间，它的开放性、快捷性、交互性、自由性、隐匿性等特征使得网络平台监管具有一定难度。互联网技术和数字技术的飞速发展，所传播的信息更多、承载的容量更大，同时使得信息更其复杂性和多样性，这就给大学生网络失范、失礼等行为的监管造成了难度。其次，网络环境相比于现实生活环境更加复杂，所面临的问题也更加多元，往往涉及很多主体，难以在短时间内查清问题的源头。网络技术的迅速发展，为人们生活带来极大便利，但网络空间也存在一些漏洞亟待修复。也正因为网络环境的复杂性和网络信息的巨量化，使得网络平台的监管很难在海量复杂的信息中做到全面、及时的监管。最后，在各大网络平台监管过程中，表现出来的滞后性和延迟性是难以避免的。因为网络空间信息的传播非常迅速，而网络监管技术和手段的发展往往滞后于信息传播速度，且不良、低俗信息经过伪装和修饰，很难被当前阶段的网络监管技术识别并进行管控。因而有学者指出，"网络空间管理制度难以适应互联网技术革新的现实要求，导致网络空间中对'碎片化'话语建构及隐蔽化信息传播预警不足……吸引一些涉世未深的大学生关注参与"①。

## 三、网络空间治理效果不佳

由上表可知，20.04% 的大学生认为网络空间治理对礼仪教育具有非常重要的影响，53.25% 的大学生认为网络空间治理对礼仪教育具有比较重要的影响。总体而言，73.29% 的大学生认为网络空间治理对礼仪教育具有重要影响。在分析网络空间隐匿性特征、中端位置平台监管不力等原因后，网络空间的治理则是整个链条中的末端环节，为开展网络礼仪教育起到净化环境、维持秩序的重要作用。

---

① 杨月荣，郝文斌."00 后"大学生受网络亚文化影响情况分析 [J].思想理论教育导刊，2021（4）：135-139.

但当前对于破坏网络生态、扰乱网络秩序的治理效果不佳，一方面是治理存在滞后性，另一方面是治理结果无法真实影响到网民个体，尤其对于个体不触犯法律的失范、失礼等行为，很难应用法律条款对其进行惩罚。

网络空间治理在治理范畴上可以划分为上游产业的媒体安全与算法透明，中游产业的平台治理与隐私保护，下游产业的媒体生产与用户行为[①]。处于不同层级所需要规制的对象是有差异的，在上游产业中大数据和算法是需要重点规制的对象；在中游产业中平台和隐私是重要对象；在下游产业中新闻媒体和个体用户是主要对象。对于网络礼仪教育而言，一是要关注个体用户在使用网络时出现的不文明行为以及破坏网络秩序的问题，二是要加强不同层级主体对于个体用户的监控。当前网络空间治理的滞后性问题是影响礼仪教育的重要因素，治理通常是对已经发生的现象、事件的调查和处理，相比于网民主体自我教育，在功能和作用上相对较弱，不能将某些问题和现象"扼杀在摇篮里"，而是提出对现存问题的解决和应对之策。此外，对于不违法的网民个体失范、失礼等行为，治理结果通常不能对其起到震慑、教育的作用。因为网络空间的虚拟生活是现实生活的延伸，在网络空间犯错并不影响线下的真实生活，尤其是一些通过虚假身份进行的活动，个体可以在治理之前及时抽身，这样一来处理的后果很难影响到个体，再加上网络治理需要时间去收集相关材料，从而导致最终的处理结果需要经过很长时间才能传达给个体，这也是部分人无惧网络失范、失礼的主要原因。网络空间治理的滞后性及其后果的延迟性和虚拟性，使得网络治理效果不佳，从而导致网络礼仪教育的作用被淡化和忽视。

---

① 匡文波，姜泽玮.人工智能时代网络空间治理的框架与路径［J］.中国编辑，2023（9）：40-45.

## 第五节　自我礼仪教育的决定作用偏离

唯物辩证法指出："内因是变化的根据，外因通过内因而起作用。"[①]家庭、高校、社会和网络是影响大学生礼仪教育的外在因素，大学生自身是内在因素。如何引导大学生把礼仪文化精髓要义在生活中加以实践，是礼仪教育的关键。作为一项长期且复杂的教育工作，礼仪教育既受外界各种因素的影响，同时也要考虑大学生自身的实际因素。大学生在礼仪教育过程中既是教育客体，也是实践主体。因此，大学生自身的影响不可忽视，这些影响对礼仪教育的整体成效至关重要。通过调查发现，大学生自我礼仪教育的决定作用偏离，具体表现在文化自觉性和主观能动性、价值取向和朋辈群体三个子维度，每个维度对礼仪教育的重要程度见表5-5。

表5-5　自我维度影响因素重要程度表

| 主维度 | 子维度 | 选项 | 频次 | 占比 |
|---|---|---|---|---|
| 自我 | 文化自觉性和<br>主观能动性 | 非常重要 | 476 | 20.21% |
| | | 比较重要 | 1342 | 56.99% |
| | | 一般 | 286 | 12.14% |
| | | 不太重要 | 135 | 5.73% |
| | | 完全不重要 | 116 | 4.93% |
| | 价值取向 | 非常重要 | 425 | 18.05% |
| | | 比较重要 | 1236 | 52.48% |
| | | 一般 | 295 | 12.53% |
| | | 不太重要 | 278 | 11.8% |
| | | 完全不重要 | 121 | 5.14% |

---

① 毛泽东选集（第1卷）［M］.北京：人民出版社，1991：302.

续表

| 主维度 | 子维度 | 选项 | 频次 | 占比 |
|---|---|---|---|---|
| 自我 | 朋辈群体 | 非常重要 | 496 | 21.06% |
| | | 比较重要 | 1275 | 54.14% |
| | | 一般 | 268 | 11.38% |
| | | 不太重要 | 188 | 7.98% |
| | | 完全不重要 | 128 | 5.44% |

## 一、文化自觉性和主观能动性不强

由上表可知，20.21% 的大学生认为文化自觉性和主观能动性对礼仪教育具有非常重要的影响，56.99% 的大学生认为文化自觉性和主观能动性对礼仪教育具有比较重要的影响。总体而言，77.2% 的大学生认为文化自觉性和主观能动性对礼仪教育具有重要影响。

大学生作为年轻群体中受教育程度较高的群体，文化自觉性和主观能动性应该较强，但是大学生由于优越的成长条件、舒适的生活环境，对学习和理解传统文化的自觉性和主动性反而有所降低，转而对现代文化的接受度更高、包容性更强，从而导致大学生自我礼仪教育作用发挥不佳。文化自觉是我国著名社会学家费孝通先生的观点，他认为文化自觉"是指生活在一定文化中的人对其文化有'自知之明'，明白它的来历，形成过程，所具的特色和它发展的趋向，不带任何'文化回归'的意思，不是要'复旧'，同时也不主张'全盘西化'或'全盘他化'。自知之明是为了加强对文化转型的自主能力，取得决定适应新环境、新时代时文化选择的自主地位"[①]。大学生作为国家的希望、民族的未来，应当对中华民族的文化具有自觉性和自信心，但当前大学生对礼仪文化的了解以及礼仪教育的认知并不

① 费孝通. 反思·对话·文化自觉 [J]. 北京大学学报（哲学社会科学版），1997（3）：15-22+158.

多。礼仪作为中华民族文明的表征，以此为基础而形成的礼仪文化是中华文化的重要代表，但大学生对礼仪文化的起源嬗变、形成历史、发展过程了解程度较低，而对西方文化和主流观念的兴趣更为浓厚。一方面反映了传统文化与现代文化的传承与转化存在问题，另一方面也说明大学生对本民族文化的不重视和不关注。

主观能动性作为一个哲学概念，也可称为"自觉能动性"，突出了主观上的自觉性和能动性。可以从两个方面来理解人的主观能动性，一是表现为人们主动去了解和认识客观世界；二是指人在意识的指导下主动地改造客观世界。在礼仪教育方面，则可以理解为大学生主动通过学习来了解和认识礼仪文化的的积极性和能动性。因为礼仪教育是以礼仪文化为内核的教育实践活动，其中涉及不同类型的礼仪，这些具体的礼仪指导着大学生的学习、生活、交往等多种活动。但当前大学生对礼仪教育的了解和学习主观能动性不强，很多大学生对高校开设的礼仪课程表现出的学习兴趣并不大，部分学生是为了完成学校要求，应付课程学习和期末考试，获得相应的学分成绩。还有些大学生的主观能动性不强，除了课程学习之外，有些大学生没有积极、主动地参加一些礼仪知识讲座、礼仪风采大赛等社会实践活动，而且在日常生活中对自己存在的不文明行为、不礼貌现象也视而不见，更有甚者明知道自己的说话语言和行为方式是不对的、不合适的，还依旧我行我素，不愿意去纠正和完善，久而久之就养成了错误的行为习惯。正是这种低自觉性和低能动性，才使得大学生没有形成良好的内在基础，造成礼仪教育的成效欠佳。

## 二、价值取向多重性与矛盾性并存

由上表可知，18.05% 的大学生认为价值取向对礼仪教育具有非常重要的影响，52.48% 的大学生认为价值取向对礼仪教育具有比较重要的影响。总体而言，70.53% 的大学生认为价值取向对礼仪教育具有重要影响。

当今社会处于信息爆炸的时代，数字技术的发展为信息的传播提供了技术支持，使得信息的传播渠道更加多元化、传播速度更加迅速化，由此导致传播信息的真实性、准确性难以保证。互联网的普及与快速发展，使得很多西方思想文化、价值理念通过网络渠道大批涌入我国社会，造成部分不良思想在网络空间中的泛滥和盛行。大学生作为网络原住民，是日夜游荡在网络上的主要群体，很难对这些西方的思想和理念进行正确的判断和分析，从而表现出价值取向上的多重性与矛盾性并存。价值取向作为价值哲学的重要范畴，是指主体在面对或处理各种矛盾、冲突、关系时所持的基本价值立场和价值态度。价值取向的多重性表现在大学生对西方多元文化的追捧，如"伪娘文化""丧文化""佛系文化""躺平主义""摆烂主义""个人主义""拜金主义"等文化和观念在大学生群体十分常见。客观地看，西方国家的文化和理念在我国社会盛行，广受大学生和青年群体的追捧，说明这些文化和理念符合当下年轻人的文化需求，契合当下年轻人的心境。西方文化是依照他们自身社会发展的特点和规律而形成的，彰显了西方的价值理念和文化特征。但部分大学生把西方的文化和理念作为主流内容加以追捧，而忘却了中国本民族的文化，如指导和规范言行举止、协调人际关系的礼仪文化，因此不免有全盘西化、崇洋媚外的嫌疑。价值取向的多重性本身是一个客观描述，不带有褒贬之分，也不存在消极与积极，而过分追捧西方文化，忽视了我国的传统文化，这种价值取向的多重性则需要多加警惕和关注。要引导大学生客观、理性看待西方输入的文化和观念，同时更加注重对本民族文化的学习和运用。价值取向的矛盾性表现在部分大学生对自己的学习计划、未来发展缺乏理性、认真的思考，而是盲目跟从身边的同学，出现了"考证热""考研热""考公热"等现象，且在工作与考研、考研与考公等事情上难以抉择，往往出现犹豫不决、摇摆不定的情况，从而浪费了宝贵的学习时间。这些现象表明大学生对自我缺乏正确的认知，对我国传统文化缺少自信，对小我和大我的关系缺乏思考，从而在价值取向上有些盲从和不坚定。大学生身上所表现出来的价值取向的多重性和矛盾性对礼仪教育的开展是不利的，一个思想不统一、意志不坚定，没有自己价值立场和价值态度的个体，其思想基础是薄弱的、不牢固的，在此基础上建立起来的世界观、人生观、价值观是需要进一步完善的。

## 三、不同圈层朋辈群体的负面影响

由上表可知，21.06% 的大学生认为朋辈群体对礼仪教育具有非常重要的影响，54.14% 的大学生认为朋辈群体对礼仪教育具有比较重要的影响。总体而言，75.2% 的大学生认为朋辈群体对礼仪教育具有重要影响。

大学生自身影响除了作为独立个体的大学生自身因素之外，还包括大学生身边同学、朋友的影响。朋辈群体是"由家庭背景、年龄、爱好、特点等方面比较接近而形成的关系比较密切的群体"[①]，他们因为生活作息、学习时间等多方面的一致性和同步性，容易产生"生活在类似的社会文化环境中，经历类似的历史事件"[②]的"同辈效应"，从而使他们在面对生物和环境上的挑战时更容易产生共情及移情，同时更加依赖或适应同辈人的谈吐方式和行为习惯。朋辈群体作为因年龄相近、观念或背景相似而组成的非正式群体，所产生的同辈效应既有积极的一面，也有消极的一面。同辈人之间的影响主要体现在对表达方式、行为方式的刻意模仿，大学生与同辈群体在价值观、思维方式上有着高度的相似性，因为他们的生理年龄和心理年龄大致处于同一阶段，对问题思考方式相似，可能会缺乏深度思考和认真分析，从而导致在行为上表现出不合礼仪、不合规范、不合道德

---

① 陈万柏，张耀灿．思想政治教育学原理：第 3 版 [M]．北京：高等教育出版社，2015：114.

② 刘京林，等．传播中的心理效应解析 [M]．北京：中国传媒大学出版社，2009：206.

的现象。部分大学生对新鲜事物的热爱和追捧是基于身边人的喜好、受身边人的影响，而不是自己真实的内心需要和情感倾向，当身边很多人都倾向于某种潮流、某种文化、某种观念时，如果自己不选择与同学有一样的喜好，则会感觉自己被排斥在外、与集体生活格格不入。此外，大学生也会因为处于不同圈层而形成"圈层效应"，并受算法技术逻辑下产生的"信息茧房"效应影响，出现一些负面问题。所谓"圈层化"文化现象是指在特定兴趣领域或社交场合内，形成小团体并呈现出共同价值观、话语模式和行为规范等现象①。因而，当所处圈层中有人做出不雅行为、不礼貌的举止时，不会被身边的人批评、制止，反而还会起哄、模仿，以此达到他们非正常的心理满足感。总体来看，当前大部分大学生的总体素养良好，举止言行合适，但仍然有部分大学生不能自觉遵守礼仪规范，言语、行为失范。"同辈效应"和"圈层效应"的负面影响主要在于让有些大学生不能坚持自己的意见，容易受身边的同学影响，有意或无意识地与身边人调成一样的频道，或追捧当下热点，或盲信，从而逐渐迷失自我，丢失了"仁义礼智信"的传统信条。

---

① 朱博，朱翠明.透视青年"圈层化"文化现象［J］.人民论坛，2023（19）：97-99.

# 第六章　新时代大学生礼仪教育的路径优化

通过对大学生礼仪教育进行归因分析，发现家庭、高校、社会、网络和大学生自身都会对大学生的礼仪认知和礼仪实践产生重要影响。"个体自降生就置身于人类世世代代创造并积累起来的社会文化成果的背景之中，处在社会道德准则交织而成的网络之中。"①因此，大学生在应对复杂的社会环境和人际关系时，应保持自身优雅的礼仪姿态，展现美好良善的道德品质。调查问卷的第四部分设计了关于路径方面的问题，从上述五个维度进行整体把握，为每一维度的具体路径提供参考。本章从家庭、高校、社会、网络和大学生自身五个维度入手，有针对性地提出改进路径，形成有效的联动机制，发挥多方合力作用，从而进一步加强新时代大学生礼仪教育。

## 第一节　重构家庭礼仪教育：阐明礼仪现实意义

"无论时代如何变化，无论经济社会如何发展，对一个社会来说，家庭的生活依托都不可替代，家庭的社会功能都不可替代，家庭的

---

① 胡林英.道德内化论［M］.北京：社会科学文献出版社，2007：120.

文明作用都不可替代。"[1]家庭作为人生成长的第一站，除了承担繁衍后代、绵延种族的责任之外，也是实现个体社会化的重要场所。"家庭教育是一种在家庭生活中的教育，是基于家庭成员的生活为教育环境的互动式的交往实践。"[2]而家庭礼仪教育则是大学生礼仪素养形成、礼仪习惯养成的基础，良好的家庭礼仪教育有助于个体形成正确的礼仪认知，养成文明的礼仪行为。

## 一、优化家庭礼仪环境，传承家训家风家礼

家庭环境可以细分为家庭软环境和硬环境，软环境是指家庭的气氛或氛围，表现在家庭成员的情绪和感受上，对家庭成员起到潜移默化的作用，是家庭生活中不可缺少的气氛或氛围环境；硬环境是指家庭的物质条件，是支持人发展的基础条件。家庭礼仪环境则属于软环境，对家庭成员之间的关系建立、自我发展、晚辈的教育等具有重要的影响，协调性、和谐性是判断家庭礼仪环境的重要指标。具体而言，通过传承家训家风家礼来优化家庭礼仪环境，营造良好的家庭氛围。

家训家风家礼从狭义方面来看，是仅对家庭成员内部或者家族内部产生一定约束的伦理规范，旨在规范家庭成员行为、培养家庭伦理观念和提升个人道德修养。从文化维度来看，家训家风家礼是中华家文化的重要组成部分。司马光的《居家杂仪》、陆游的《放翁家训》等表明古代贤者非常重视家训对子女的训诫作用，这些名篇不仅有利于家庭关系的和谐，还能进一步优化家庭教育环境。家训所蕴含的忠、孝、仁、爱、礼、正、诚、廉等，是个人发展的重要遵循，通过传承不断发扬，使其成为家庭教育的重要指导。家风

① 中共中央文献编辑委员会.习近平著作选读：第1卷［M］.北京：人民出版社，2023：544.
② 周洪宇，范青青.家庭教育是人生奠基性教育［J］.河北师范大学学报（教育科学版），2019（2）：5-8.

展现了一个家庭的基本教养，良好的家风是留给子孙后代的宝贵财富。因为家风好，家道兴盛；家风差，家道衰落。传承家风，即要大力弘扬中华民族传统美德，倡导尊老爱幼、家庭和睦、勤俭持家、邻里团结的美好观念，培育家庭的文明风尚。狭义的"家礼"指家庭、家族或宗族用以维护内部秩序的礼仪规范和伦理观念①。朱子的《家礼》是后代家礼的典范，成为民间冠礼、笄礼、婚礼、丧礼、祭礼等通用礼的重要参考，指导着人们的日常生活。传承家礼则需要对传统家礼进行现代转化，使其内容规范符合现代人的生活理念和生活方式，形成以传统家礼为基础的现代家礼。

在家庭的纵向结构中，处于主导地位的父母或祖父母应有意识地向大学生灌输礼仪文化的思想、内涵，阐释礼仪文化在道德塑造、气质涵养、行为规范方面的重要意义，尤其是家训家风家礼中所蕴含的仁、义、礼、智、信等道德元素，这些价值理念与社会主义核心价值观是一脉相承的，为当代大学生礼仪教育提供了丰富的理论指导。在家庭生活中，父母长辈应关注大学生的举止行为是否符合礼仪规范，更多地展现个人和家庭成员谦恭礼让、家庭和谐融洽的积极一面。在代际传承间注重晚辈对家训家风家礼的学习和延续，同时也要引导大学生进行自我教育，父母长辈的教育和良好环境的打造往往起到推波助澜、浸润人心的作用，而真正起决定作用的是大学生自身，只有大学生自身意识到礼仪文化的重要性以及在生活中践行礼仪行为的必要性，才会自觉、主动地去纠正并完善自身的言行举止。在优化家庭礼仪环境过程中，要注重发挥家训家风家礼对"家庭成员的人格养成、道德建构和家族的兴旺和谐"②的指导和规约作用，使礼仪道德在传承中得到实践和升华，加深大学生对礼仪的理解和反思，发挥家庭礼仪环境对大学生的熏陶、浸染作用。

---

① 陈延斌，王伟. 传统家礼文化：载体、地位与价值 [J]. 道德与文明，2020（1）：124-129.

② 冯刚，王树荫. 思想政治教育研究热点年度发布 [M]. 北京：团结出版社，2019：338.

孟母三迁的故事强调了环境在个体健康成长和未来发展中的重要地位，说明环境对人的影响是巨大的，能在潜移默化中改变一个人的思想和行动。因此，要想大学生成为内具礼仪涵养、外有礼仪行为的独立个体，必须注重家庭礼仪环境的塑造，在小事中灌输传统美德的思想，加强礼仪与道德之间的联系以及在生活中更多践行礼仪行为，发挥礼仪对个体行为的调整和规范作用。

## 二、提升家长综合素质，树立良好道德榜样

任何行为的产生是基于一定的情境条件，家庭作为个体行为发生的第一情境，发挥着十分关键的作用。家长作为这一情境的主导者和参与者，自身的综合素质非常重要。"家庭教育是任何个体社会化的第一站，父母是引领儿童成长的第一人。"[①]在日常的家庭生活中，家长要更多地关注大学生的礼仪教育，同时要注重提升自己的综合素质。具体而言，家长要在文化素质、礼仪素质和道德素质三个方面进行学习和提升，为大学生树立良好的道德榜样。

文化素质的提升主要通过学习和教育来实现，在平时的工作和生活中要加强自身文化知识的学习，进一步充实和完善自身的知识体系，尤其要加强对中华优秀传统文化、革命文化、社会主义先进文化的学习和传承，因为"在5000多年文明发展中孕育的中华优秀传统文化，在党和人民伟大斗争中孕育的革命文化和社会主义先进文化，积淀着中华民族最深层的精神追求，代表着中华民族独特的精神标识"[②]。通过对中华优秀传统文化、革命文化、社会主义先进文化的学习，可以增加自身对文化的认知和理解，丰富文化知识的同时提升自身的文化素质，展现自身好的文化修养。礼仪素质的提升则注重将礼仪知识应用于实践中，在工作闲暇之余可以多参与一

① 容中逵.当前我国传统文化传承的三种教育误识［J］.湖南师范大学教育科学学报，2010（2）：65-68+72.

② 习近平.在庆祝中国共产党成立95周年大会上的讲话［N］.人民日报，2016-07-02（2）.

些礼仪实践活动，通过实践进一步深化对礼仪文化的理解和感悟。家庭中对于大学生的礼仪教育更多的是通过实践来进行的，把礼仪文化的内涵渗透在日常的小事情中，从而提升自身的礼仪素质。道德素质是较为显隐的美好品质，需要通过外在的行为来体现。提升自我的道德素质既需要通过学习中华优秀传统文化、道德模范事迹来规范和完善，从中华传统道德中汲取养分，同时也需要在日常生活中得以实践。通过道德实践主体的私德修养，由己及人，进而从个人私德扩充至社会公德，真正做到明大德、守公德、严私德。

大学阶段是大学生人生的重要学习和上升阶段，很多能力正是在这个时期形成的，所以家长要配合学校教育，在家庭中营造良好的礼仪教育环境，积极地进行自我能力培养。当家长自身的综合素质提升后，才能更好地理解礼仪、传播礼仪、践行礼仪，把礼仪文化所蕴含的内在道德意涵和外在准则规范传授给大学生，为大学生树立良好的榜样。教育家福禄贝尔曾说，父母是孩子的第一任老师，家庭是孩子成长的第一环境。因而家长的言行举止对大学生的成长有着重要影响，正确的、恰当的、文明的言行举止会起到正向激励作用，而错误的、不当的、野蛮的言行举止则会加剧负面影响。因此，家长要时刻保持自身的良好举止，把正确的、积极的礼仪观念落实在行动上，而不是停留在口头上的说教，因为外在行为往往最能反映一个人的内在涵养。此外，家长在教育大学生时要注重拓宽礼仪文化的弘扬渠道，同时要以身作则，自觉遵守文明礼仪，规范自己的言行举止，把积极、美好的一面留给家庭成员。唯有知行合一才能更好地给大学生树立良好的榜样，才能发挥家长的正确引导作用。

## 三、提高家庭教育能力，丰富礼仪教育方法

除了从优化家庭礼仪环境和提升家长综合素质等方面进行发力，同时也要提高家庭的教育能力。家庭的教育能力是开展各项活动的基础，既为大学生的成长和学习提供了物质支持，又为其各方面的

发展提供了科学评估和详细计划。因而，提高家庭教育能力需要从加大教育投入，纠正观念、改变方法，明确目标三个方面入手。第一，在家庭的礼仪教育方面应适当加大投入。在书籍资料方面，可以购买相关书籍，如历史文化类、理论类、实践礼仪类等，从历史维度整体把握礼仪文化，学习了解礼仪文化的理论知识、完善知识体系，并通过实践进一步深化理解。在实践活动方面，可以参加不同类型的礼仪活动以提升对礼仪的认知。从理论和实践两个方面，提高家庭整体的教育能力，进而才能对大学生开展更好的礼仪教育。

第二，纠正原先错误的、片面的教育观念，改变不当的、负面教育方法，利用多种教育方法提高礼仪教育的成效。家长在教育理念和教育方法上也需要进一步丰富和完善，部分家长要转变之前错误的教育理念和教育方法，不能将自己的观念强加给大学生。同时要换位思考，不能把大学生简单地视为对立面或被教育者，而要转变思考问题的角度，把他们当作成年人，从成年人的角度去教育和引导，而不能简单地运用对待青少年、甚至是幼儿的方法，应采取更加高级、更加新颖、更有效率的方法，避免使用粗俗言语、粗暴打骂的教育方法。这种低级的方法不仅效果甚微，还会伤害大学生的自尊心，产生自卑感和叛逆心理。此外，实践是把理论进一步深化的有效手段，这样的方法对大学生依然适用，往往家长一段恰当的谈话、一个善意的眼神就能帮助大学生意识到自身存在的问题，而无需公开化地批评和指责，意识到问题和错误及时纠正，再把正确的礼仪观念应用到行为和实践中，这样才能有效改善问题，全面提升大学生的礼仪素养。

第三，明确礼仪教育目标，改善当前礼仪教育效果差的现状。大学生在世界观、价值观和人生观上已经形成了自己的认识，在一些事情上也产生了自己的观念和看法。因而家长对这样的大学生群体进行礼仪教育时，首先要明确礼仪教育的目标，即把大学生培养成什么样的人，有了明确的目标，对大学生开展礼仪教育才能更有针对性、更具目的性，从而呈现的效果也更加明显。家长通过礼仪教育把大学生培养成明礼知礼行礼、品德美好高尚的年轻人，以此为基础，才能促成他们在生活中养成良好的礼仪习惯，规范自身的言行举止，展现优秀的道德品格，并通过长期的行为实践学会去感染和影响别人，及时纠正身边同学的不文明和不礼貌的言行，在完善个体美好品德和外在行为的基础上，进一步推动群体的礼仪教育。

## 第二节　强化高校礼仪教育：发掘礼仪教化功能

"礼仪教育是一个终身社会化过程，在不同的人生发展阶段应体现出不同的教育内容。"[①]高校作为传授知识、培养人才的专业场所，承担着培育大学生明礼、知礼、行礼的重任，要对大学生实施有计划、有目的的礼仪教育实践活动，培养大学生良好的礼仪习惯，加强大学生的礼仪实践，充分发挥高校德育的核心功能，合理分配教育资源，加强教师队伍建设，优化课程安排设置，培养当代大学生成为礼仪的发扬者和践行者。

### 一、合理分配教育资源，提高对礼仪教育的重视程度

"大学之道，在明明德，在亲民，在止于至善。"[②]这是我国礼仪经典著作《礼记·大学》中关于大学教育的记录，强调大学的目标和宗旨是教化学生，革其旧染、发扬德性，使其达到尽善尽美的境界。虽然时代更迭、社会发展，但大学的办学宗旨和育人目标却是一脉相承的。习近平总书记在高校思政课教师座谈会上提出，把"立德树人"作为教育的根本任务，旨在要求各高校重视对大学生的品德塑造和道德教育。在"立德树人"目标的指引下，各高校更应该重视对大学生的礼仪教育，结合本校发展规划和实际情况，合理分配专业教师资源、配置图书资料资源等，充分利用中华优秀传统文化的宝贵资源，使各学科的教育资源保持均衡。

一方面，合理化分配教师资源。高校专业建设和发展是教育的重点内容，既要注重特色专业的发展，同时也要保证各专业的同步

---

① 李梅.中华传统礼仪的演进轨迹与现代转型［J］.山东社会科学，2020（5）：172-178.
② 阮元.十三经注疏［M］.北京：中华书局，1980：1673.

发展。考虑各专业的现实发展情况，并配备相应的师资力量，才能满足专业长久发展的需要。一些文科专业的教师几乎承担了全校所有专业的基础课程，这给他们造成了巨大的授课压力和科研压力。因此，各高校应根据院系专业发展的实际情况，为人文社科的相关专业，如马克思主义基本原理、马克思主义中国化、思想政治教育等专业调配更多的专业教师，"建设专职为主、专兼结合、数量充足、素质优良的思政课教师队伍"[①]，把教师资源进一步合理化，让思政课教师能更大程度地发挥教育指导作用。同时，开设礼仪教育的相关课程时，应配备接受过专业礼仪训练的教师，这样礼仪课程的专业性和科学性才能得到保障，大学生才能接受到相对规范的礼仪学习，形成正确的礼仪认知。

另一方面，丰富图书馆的图书资源，完善网络资源库。今人的每一项研究都是在前人研究基础上的推进和创新，除了配备专业教师外，也应该增加图书馆、研究室的图书文献资料和电子版资料，建立数字化资源库。如与传统文化、礼仪文化、道德教育等主题相关的典籍资料，为大学生学习礼仪知识、深化道德认知提供可查阅的纸质和电子资料，激发大学生探究礼仪文化的兴趣和热情，进一步深化理论知识，通过理论来指导实践，实现理论知识与实践行为的双向促进作用，发挥礼仪文化对大学生的教育价值。此外，高校也应该多重视对大学生的礼仪素养和道德素养的教育，而不仅仅是学习成绩、比赛成果等。如果一个人成绩斐然，但道德素质差、礼仪素养低，同样也会影响其未来的长远发展。因为内在的品质是支撑一个人行稳致远的关键。同时，高校也要多开展一些与礼仪教育相关的活动、比赛、报告、讲座等，如礼仪知识普及性的公益讲座、走秀、服装展示，礼仪故事分享会、演讲比赛等等，通过各种形式的实践活动激发大学生学习礼仪的兴趣，了解和掌握礼仪知识，提

---

① 习近平.习近平谈治国理政：第3卷［M］.北京：外文出版社，2020：331.

高自身的礼仪素养，成为具有良好文明礼仪习惯和良好道德品质的新时代大学生。

## 二、加强教师队伍建设，发挥教育工作者表率作用

"教师的世界观、他的品德、他的生活、他对每一现象的态度都这样或那样地影响着全体学生。"[①] 教师既是文明礼仪的宣传者和践行者，同时也是开展礼仪教育的执行者，要以身作则、身正为范，为大学生树立良好的榜样和示范。教师作为教育工作者，"要把正确地向青年进行传统文化教育，当作是意识形态领域争夺人心、争夺青年的大事来对待"[②]。

第一，教师作为高校教育工作者，应注重提升自身的礼仪素质，展现自身的礼仪之美。有学者认为"公民礼仪素质是礼仪认知、情感、品质、行为等因素构成的系统结构，应该将公民礼仪教育纳入道德建设的基本系统"[③]。教师既是一种职业，同时也是一种社会角色的承担者。教师身份是比公民角色更加重要的存在，不仅承担着教书育人的重任，传授大学生知识和经验，同时也是大学生成长路上的引导者。因而，教师更应该注重自身的礼仪素质。在平时的课堂中、与学生相处过程中要保持自身的礼仪，时刻注重自身的言辞谈吐，往往不起眼的不文明或不当的举动就会引起学生的关注，产生负面影响。在教学和生活中，教师应用正确的教育观念引导学生，用良好的师德师风感染学生，展现教师队伍的专业素养和教育水平。对大学生开展礼仪教育时，要深入挖掘礼仪文化的丰富内涵，进行时代创新，把礼仪文化的丰富内容呈现给大学生，注重引导大学生加深对礼仪文化内涵、意蕴的理解和感悟，把礼仪文化的深厚精髓贯穿到课堂中、融入生活中。

---

① 陆有玲. 皮亚杰理论与道德教育 [M]. 北京：北京大学出版社，2012：170.
② 徐兰宾，刘汉一. 社会思潮与青年教育 [M]. 南昌：江西人民出版社，2013：230.
③ 蒋璟萍. 和谐社会视野的公民礼仪素质教育 [J]. 河南社会科学，2009（3）：176-178.

第二，教师作为一种高尚的职业，应自觉遵守相应的职业道德，形塑自我美好的道德品质。教师职业道德是随着教育的发展而发展的，主要包括爱国守法、爱岗敬业、关爱学生、教书育人、为人师表、终身学习等内容。教师在教育过程中应自觉遵守职业道德的要求，规范自己的言行举止，尊重学生、关心学生，不以分数和成绩作为单一的评价标准，鼓励学生进行创新工作，将职业道德体现在日常的教学工作中，使学生在教师的榜样示范中受到启迪和教育，在潜移默化中完善自身的思想道德，从而提升教师教育工作的吸引力和有效性。

第三，教师作为文化传播者和弘扬者，应自觉注重自身的行为举止，充分发挥表率作用。高校的教育除了教授大学生文化知识、理性思维，培养大学生成为国家的栋梁之材外，最基本的是先让大学生明白做人的基本道理以及如何成人。教师作为高校的主要教育者，应自觉承担起塑造大学生品格、涵养大学生礼仪的责任。高校教师不仅是教育领域的专业人士，更是大学生漫漫人生路的引航人。因此，教师在教学中应当引导学生树立正确的价值观、是非观，要德高为师、言传身教、以身作则，展现自己内在的美德与品行。优雅、合礼的行为不仅展现了教师美好的外在形象，还能够提升在大学生心中的地位和威望，同时为大学生树立良好的榜样，发挥道德示范的作用，折射出教师对工作、生活的态度以及个人的整体精神风貌。

## 三、以礼仪课程为支撑，开展各类礼仪实践活动

课程是一个发展的概念，由一定的育人目标、特定的知识经验和预期的学习活动方式构成。对于课程的概念尚未统一，当前有两种较为流行的说法，一般认为课程即教学科目；还有学者认为课程即教学经验。由此礼仪课程可以认为是礼仪的教学科目，以及礼仪经验的学习和传授。礼仪课程不仅作为思想政治教育的构成部分，更是大学生学习的重要内容，对大学生的礼仪观念形成、良好品德

塑造具有十分重要的作用。虽然不同专业课程设置有很大差别，但礼仪课程作为个人成长的必修课，应该作为基础课来讲授，让大学生在增强理论知识的同时更好地与人沟通交往、加强社会联系。开设礼仪课程的目的不是为了完成课业任务、为了学礼仪而去学，学习礼仪的重心"不在于机械的学习礼的外在仪节、规范，而是学习礼的内在精神"①，通过学习礼的内在道德精神来涵养品行、修炼行为。

　　一方面，高校应更多地开设与礼仪相关的课程，尤其要增加对礼仪经典著作的解读与传承，并在过程中注重对传统美德的弘扬。礼仪经典著作以《仪礼》《周礼》《礼记》"三礼"历史典籍为代表，"历史是最好的教科书"②，通过对这些历史典籍的学习，才能组建起礼仪文化的版图，架构起礼仪文化的古与今，将传统与现代联结起来。对礼仪经典著作的学习不仅需要在礼仪教育的课程中进行，也需要教育学院、历史学院、马克思主义学院等不同学院之间加强联系和交流，通过礼仪典籍的学习教育，可以系统、全面地了解中华礼仪文化。同时要适当调整礼仪课程的时间安排，让大学生有更多的时间细致地把握礼仪的发展脉络、制度体系、流程分类等，这样有助于我国礼仪文化的传承和创新。礼仪文化相关课程的设计与安排应根据社会主义核心价值观和立德树人的诉求，融入家风家训家礼、人与自然和谐相处的生态观、礼乐文明等内容，在礼仪教材编排和选择上更加注重学术价值、研究创新、教学与实践相结合等方面。

　　另一方面，礼仪课程的性质和形式可以更加多样化，这样不仅可以丰富课程的形式，还能提高大学生的学习兴趣。大学阶段设置的必修和选修的礼仪教育课程，涵盖基本礼仪知识、社交礼仪、职业礼仪等方面的内容。礼仪课程除了作为上述的必修课和选修课之

① 胡金木. 学校礼仪教育的内在理路及实践要求［J］. 教育科学，2018（5）：14-19.
② 习近平. 习近平谈治国理政［M］. 北京：外文出版社，2014：405.

外，还应设有专业课和基础课等，同时还可以开设礼仪活动课、实践课、演示课等，或者将线上和线下结合起来，不拘泥于课堂上的理论知识学习，把课堂延伸到日常生活中，"创新课堂教学形式，使他们在教育过程中掌握中华优秀传统礼文化思想精髓，形成建设和谐社会所需要的良好文明礼仪素质"<sup>①</sup>。礼仪课程的学习需要在生活和实践中得以运用和检验，因而除了理论课程的学习，应当合理设置实践课和活动课，把所学的礼仪知识运用起来，用理论指导实践、规范大学生的外化行为。让大学生形成学礼与行礼相结合的意识，在生活中自觉践行礼仪，使理论知识得到实践和巩固，深化礼仪内在精神的约束作用，进而实现传承中华优秀礼仪文化、提升礼仪涵养的目的。

---

① 涂淑.基于中华优秀传统礼文化的大学生文明礼仪教育研究［D］.漳州：闽南师范大学，2017：31.

# 第三节　推进社会礼仪教育：优化礼仪传播环境

社会是精神文明建设和物质文明发展的大场域，良好的礼仪环境是个体进行人际交往、开展各项活动的基础，更是传承中华优秀传统文化的保障，因而应当充分利用多方资源，传播和弘扬礼仪文化，通过中华优秀礼仪文化的渗透和熏陶，提高大学生的道德修养和礼仪素养，将高校大学生培养为中华优秀礼仪文化的重要传承者和实践者。

## 一、改善社会风气，营造良好氛围

大学生出现行为不文明、不礼貌、不规范的现象，与社会环境存在着很大关系，社会环境对大学生的礼仪思想具有一定的引导作用，对大学生的礼仪行为具有一定的规范作用。邓小平同志曾说："我们一定要教育好我们的后一代，要从多方面采取有效措施，搞好我们的社会风气，打击那些严重败坏社会风气的恶劣行为。"① 社会礼仪氛围的浓厚与否直接影响着大学生的群体行为和社会文明程度，应该用人民大众喜闻乐见的形式传播中华优秀传统礼仪文化，努力营造讲礼、懂礼、行礼的社会礼仪氛围，改善不好的社会风气。

一方面，西方崇尚的价值观是基于他们的国家性质和历史文化，而中国的传统文化受儒家伦理思想影响，有别于西方文化。因此，在改善社会风气方面，应积极从中国传统文化中寻找资源和素材。社会各组织和各部门要立足本国现实情况，发展传统文化的优秀内容，摒弃西方的"个人主义""拜金主义""享乐主义"，继承和

---

① 邓小平.邓小平文选：第 2 卷 [M].北京：人民出版社，1994：177.

发扬民族文化，弘扬中华传统美德，营造良好的礼仪氛围，积极引导大学生讲礼仪、守道德，进一步夯实中国特色社会主义的思想道德基础。可以多开放一些公共性的场所，如公共图书馆、博物馆和文化馆，通过联合公共场馆开展一些比赛活动、举办一些公益讲座和演出等，不仅让大学生参与其中，更让广大社会成员参与进来，积极引导他们翻阅书籍资料，感受中华礼仪文化的博大精深，感受传统美德的魅力所在。这些引导方式能在潜移默化中改变社会的不良风气，纠正社会的不正之风。

另一方面，政府部门要重视礼仪文化对大学生礼仪教育、对公民道德建设的重要作用，在开展各项活动中投入一定的政策扶持和经济支持，加大礼仪文化的宣传力度和传播广度，积极发扬中华传统美德，把表现中华民族优秀品质、优良精神、崇高气节、高尚情感的传统文化传承下去。同时，政府在广泛宣传礼仪文化的精神内涵时，应结合社会主义核心价值观。社会主义核心价值观是关涉个人、社会和国家三个层面的智慧凝结，是形成明礼向善社会风气、构建和谐稳定社会秩序的重要保障，以社会主义核心价值观为引领，用正确的价值理念净化社会的不良风气，"使社会主义核心价值观内化为人们的精神追求，外化为人们的自觉行动"[①]。不仅如此，社会各界、社会成员要自觉学习核心价值观的主旨内容，广泛宣传、践行社会主义核心价值观，把礼仪文化所要求的行为规范落实到行动之中，全方位、多方面为大学生礼仪教育营造浓厚的社会礼仪氛围。

## 二、创新传播载体，拓宽弘扬渠道

礼仪在社会维度的传播是在更广泛范围内的弘扬。传播载体是传播学的专业术语，实际上起到媒介的作用。在社会范围内，传播礼仪并进一步实现弘扬礼仪的目的，实质上就是要将礼仪进行扩散。

---

① 习近平. 习近平谈治国理政［M］. 北京：外文出版社，2014：164.

美国学者埃弗雷特·罗杰斯提出创新扩散理论，通常用于研究传播学领域的传播效果。该理论认为，媒介能够使人们接受新观念、新事物、新产品，大众传播则是最快最有效的途径。创新扩散是一个通过某种特定的渠道、经过一段时间在某一社会系统中传播开来的过程[①]，且创新处于最重要的位置。随着宽带无线技术和移动终端技术的迅速发展，使得信息的传播和获取更为迅速和快捷，社会信息能在瞬间呈现在每个人面前。因此，在传播和弘扬礼仪文化方面也应该与时俱进、紧跟时代潮流。新媒体以"传播快捷性、表达交互性、内容随意性、言论自由"[②]为特征，在传播载体中属于潮流品，各类软件如微信、QQ、微博、小视频等，都要运用新媒体的各种交互技术，因此在创新传播载体时要择其优点而取之，进一步拓宽弘扬渠道。

一方面，要保留传统纸质宣传方式。传统纸质宣传媒介在当今时代仍然有其存在的价值和意义，所以这类传播载体应在特定场合适应于特定的对象，如报纸、书籍、画册对老人和孩童这样的特殊年龄群体更有吸引力，阅读和浏览更加得方便和顺畅。对这些群体而言，纸质宣传要比媒体宣传更为有效，且更能保护老人和孩童的视力和身体。另一方面，对于年轻人和掌握新兴技术的大学生，可以运用"融媒体"这类新型媒体，大力推动"融媒体"的使用，发挥其在宣传和传播方面的积极作用。把既有共同点，又存在互补性的不同媒体进行全面整合，使其满足社会各年龄段、各群体的需求。在向社会成员广泛宣传礼仪文化时，可联合网络平台、各大电台、主流媒体等报道优秀人物事迹、道德模范代表等，通过真实的人物示例感召人心，让大家能真切地感受到礼仪文化的教育和指导作用，规范个体行为、加强群体礼貌交往、促进社会文明传播等等。同时，

---

① 曾媛.创新扩散理论视域下的童谣传播——以央视少儿频道《草坪亲子音乐会》为例[J].传媒，2024（12）：37-39.

② 常素芳.马克思主义基本原理运用与高校思想政治理论课教学［M］.北京：中央编译出版社，2019：20.

还要充分利用公共领域的各种公告栏、宣传栏等橱窗，张贴相关的海报、宣传单等，把礼仪文化渗透在生活的方方面面，发挥社会的隐性教育作用。通过多种传播方式，让社会成员多方面接触、了解、学习礼仪文化和道德内涵，从而进一步丰富礼仪文化的弘扬渠道。

此外，家庭、高校除了对个体开展的待人接物、行为举止方面的基本礼仪教育外，社会方面也可以根据不同的情况组织一些具有纪念意义、特殊性质的礼典和仪式进一步推动礼仪的传播，让大学生以及社会成员都可以参与进来，通过真实体验，增强情感上的共鸣感。参与礼典和仪式不是形式上的，而要把涉及的步骤、流程讲解清楚，解释设计的原因以及用意。通过实际参与和详细解释，才能从情感层面触动个体，使其认同礼仪文化的魅力，体悟礼仪文化的真谛，从而实现礼仪文化对个体人格的浸润和陶冶[①]。

## 三、加大宣传力度，发挥时代价值

"传统文化本质上是一种观念之流，是一种价值取向，是始于过去融透于现在直达未来的一种意识趋势和存在。"[②]而礼仪文化正是跨越千年，从古代延续到现在，还会继续走向未来的文化体系。礼仪文化意蕴深厚、内涵丰富，于个人而言，是具有操作性的行为规范和道德思想；于民族而言，是赖以生存和发展的文化支撑；于社会而言，是构建和谐秩序的价值引导；于国家而言，是国家文明形象的重要标志。礼仪文化的多维价值既需要通过教育进行传承，更需要通过社会宣传才能让生活其中的成员了解、感知和践行。因此，社会要依据自身独特的优势加大宣传力度。

毛泽东强调，"做宣传工作的人，对于自己的宣传对象没有调查，

---

① 袁媛淑，蒋璟萍.论礼仪文化的隐性社会控制功能及其实现路径 [J].湖南大学学报（社会科学版），2013（6）：112-116.

② 葛晨虹.中国礼仪文化 [M].北京：经济科学出版社，2001：284.

没有研究，没有分析，乱讲一顿，是万万不行的"①。要根据宣传对象适当调整传播方式，了解传播受众的特征。从社会的宣传主体来看，政府、社会组织等都发挥了重要的宣传作用；从宣传内容来看，礼仪教育方面主要就是加强对礼仪、礼仪文化的宣传，通过教育和宣传阐释礼仪的时代价值；从宣传客体来看，即宣传工作需要传达到的对象，一般是接收宣传信息的受众。其一，不同宣传部门共同发力，形成强大的合力，更有效地宣传礼仪文化，进一步提高大学生和公民的礼仪意识。社会是由多部门构成的，不同宣传部门对礼仪文化的宣传，在目标、重点、内容等方面都是不一样的。因此，各部门可结合工作范围、工作内容对礼仪文化进行深入解读，了解所要宣传的内容、明确宣传的目标和对象，不同的宣传对象所采用的宣传方法也是存在差异的，可以利用富有创意的宣传海报、视频、动画，传统媒体（如电视、广播、报纸）和新媒体（如互联网、社交媒体）等进行多元化宣传。通过对礼仪文化的宣传，阐明礼仪文化的价值，让大家理解礼仪文化对人的行为规范和品德塑造作用以及在现代社会的时代意义。

其二，开展各项活动，加大宣传力度。礼仪文化的宣传是一项长期工作，需要持续不断地推进。通过举办线下活动，如礼仪讲座、示范表演、互动体验等，进一步增强宣传的互动性。各部门可以联合举办大型宣传活动，如礼仪文化节、文明出行周等。还可以通过组织开展中华传统礼仪文化宣传月、中华传统礼仪文化交流会、评选礼仪文化宣传大使、礼仪形象大使等活动，促进大学生以及社会公众对礼仪文化的学习和宣传，扩大礼仪文化的影响力，提高人们对礼仪文化价值的认可度，引导大家把礼仪认知转化为礼仪实践，延续礼仪文化的生命力，"礼仪的生命力就体现在实践上，或者说只有当个体的行为、习惯有了礼的烙印，礼仪才真正具有了生命"②，

---

① 毛泽东.毛泽东选集：第3卷 [M].北京：人民出版社，1991：837.
② 臧义光.当代大学生礼仪教育研究 [D].大连：辽宁师范大学，2012：27.

从而把具有中国精神、中国风格的礼仪文化推向全世界，发挥礼仪文化对人类整体的规范和指引作用。不同部门、媒介以及丰富多样的宣传方式形成一个全方位的礼仪文化宣传网络，有效地提升大学生的礼仪素养和社会文明程度。

# 第四节 规范网络礼仪教育：拓展网络礼仪展演场域

现实和网络是人类互融共生的两大生存场域，两者存在着一荣俱荣、一损俱损的内在关联。在网络空间中展开的虚拟生活逐渐从大学生生活的基本构成部分上升为核心部分，成为大学生日常生活不可或缺的内容。虽然大学生在现实生活中存在的不文明、不礼貌的行为不会以完全复刻的形式在网络生活中再现和上演，但网络作为一种技术工具，以此为基础而形成的网络空间则为礼仪教育的开展和深化提供了全新的数字化场域。因此，要加强和规范网络礼仪教育，把线上和线下相结合，构建虚拟与现实双重交互的礼仪展演场域。

## 一、结合网络空间特征，建构数字礼仪体系

网络空间具有的自由性、开放性、隐匿性、虚拟性等特质，使得以大学生为主要群体的网民可以在网络空间中享受与现实生活不一样的虚拟体验。网络社交、网络游戏、网络行为等不仅极大地丰富了大学生的生活，同时也对相应的网络礼仪提出了更高的要求。这些活动都需要网络礼仪的支持与规范，为他们失范、失礼行为的纠正提供指导和依据。有学者认为，网络礼仪是礼仪的一部分，是一种数字礼仪。包括招呼礼仪、交流礼仪、表达礼仪、礼品赠送、网络规则制定等。作为一种数字化礼仪，网络礼仪在文化礼仪冲突的基础上有着自己的冲突表现：一类是由现实礼仪转化而来的数字化礼仪；另一类是只在网络上才出现的数字化礼仪。[①]不论是由现实

---

① 沈晶晶，杨锁强，程少川.基于民族礼仪冲突的网络礼仪形成与构建研究[J].情报杂志，2004（12）：2-4.

礼仪转化而来还是只在网络上出现的数字化礼仪，都对大学生的网络行为起到了一定的规范和约束作用，从而建立起良好的网络环境。这些数字礼仪对于规范大学生的网络行为、构建良好的网络环境起到了至关重要的作用。它们不仅能够帮助大学生在网络空间中树立正确的价值观和行为准则，还能够促进网络空间的和谐与稳定。

一方面，借鉴现实礼仪并结合网络空间特征进行有机融合与转化。这些礼仪在网络空间中仍然保持着传统礼仪的精髓，但为了适应网络空间的特性，进行了必要的调整和创新。如礼仪文化强调的礼让、仁爱、诚信、正直、和谐等理念，可以将这些礼仪文化的内涵融入网络规范、规则的制定中去，凸显核心理念，帮助大学生树立正确的礼仪观念，以内在的礼义精神为遵循，指导网络空间中的各项活动和行为。同时，也要结合网络空间所独有的自由性、开放性、隐匿性和虚拟性等特质，将大学生的自我内化和制度规定的外化结合起来，共同促进大学生网络行为的规范与完善。

另一方面，依据网络空间及主体行为的特点，建构一套全新的数字礼仪体系。这些礼仪只在网络世界中存在，是完全基于网络空间而诞生的全新数字化礼仪，为大学生各种网络活动和网络行为提供了重要的规范和指导意义。有学者指出网络礼仪的规定包含 10 条核心规则。具体而言：记住别人的存在；网上网下行为一致；入乡随俗；尊重别人的实践和带宽；给自己网上留下个好印象；分享你的知识；平心静气地争论；尊重他人的隐私；不要滥用权利；宽容。①因而，数字礼仪的建构应当遵循这 10 条规则，同时对大学生在网络活动中所使用的表情、符号、语言等进一步规范和监控，对一些隐晦的表达进行标记和记录。网络礼仪在规范大学生网络行为、构建良好网络环境方面发挥着不可替代的作用。通过借鉴现实礼仪、结合网络空间特性以及建构数字礼仪体系等方式，为大学生提供一个

① 千莹花，金美花，朴光赫.大学生网络礼仪现状分析及对策建议［J］.计算机光盘软件与应用，2012（5）：253-254.

更加健康、和谐和文明的网络环境。推广网络礼仪是向全世界道德公民吹响的"集结号"，也是数字美德的一种体现，网络文明需要与之相匹配的礼貌与礼节，这也是当前 digitalethics（数字伦理）与 digitaletiquette（数字礼仪）受到学者们普遍关注的一个重要原因[①]。

## 二、坚持源头把控，加强平台监管

在构建网络和谐与文明环境的过程中，网络礼仪教育的重要性不言而喻。除了制定明确的网络礼仪规范，还应深入源头对网络行为主体实施全面的监控，以防止失范、失礼行为的蔓延和扩散，进而避免形成广泛的负面社会效应。网络世界并非一个无拘无束的乌托邦，而是一个需要遵循合理合法、文明礼貌原则的虚拟空间。为了整治和改善以大学生为主要群体的网络失范、失礼问题，需要平台方持续规范、调整和更新相关管理制度。这包括利用大数据技术对网络行为进行精准监测，并结合适当的奖惩政策，共同营造一个文明、清朗、愉悦的网络环境。平台监管代表了第三方对网络行为主体在网络活动中的全面监控和管理，涉及监督制度和举报制度的完善。

一方面，完善平台的监督制度，利用大数据精准监测。监督既有网络行为主体之间的互相监督，同时更为重要的是平台对主体行为的全过程监督。平台可以设置网络文明条约和提醒，引导用户规范自身行为，正确使用语音、文字、表情和符号等表达方式。同时还需要注意监控主体在文字表达时使用的某些特殊符号和数字，往往很多毒性语言和不文明表述都是通过表情符号或特殊字符进行传达的，隐蔽而频繁。此外，技术赋能可以辅助平台开展更为精准的监督。各大平台既要保证服务器的稳定运行，同时还要监控主体的各种行为，这样的复杂程序难免会存在疏漏之处；而借助大数据进

---

① 卫欣.网络礼仪的历史脉络与学术视野［J］.新闻爱好者，2023（4）：80-82.

行精准监测则能很好地解决此问题。大数据可根据前期出现过失范、失礼情况的主体，重点对其展开全面追踪和监控；对于从未有过此情况的主体则可适当减少监测的频度和时间。如此，各大平台的监督从广泛式转化为精准式，实现监督的精准化和高效化同时也减少资源的浪费和消耗。

另一方面，健全平台的举报制度，实行奖惩同步的方案。不同平台所监控的行为应各有侧重，如社交平台应关注文明表达，娱乐平台应监控弹幕等互动内容，而游戏平台则应特别关注玩家在游戏过程中的行为。以网络游戏《和平精英》为例，当前《和平精英》游戏中所实行的举报制度主要针对玩家使用物理外挂、恶意组队、故意伤害、消极作战等方面，而忽略了在游戏中玩家与玩家通过实时语音产生不当言论和毒性语言以及文字叙述传播不良信息等问题。失范、失礼现象的存在反映了平台对玩家在游戏中行为监管的疏漏，为有效整治该问题，平台应健全玩家的举报制度，并辅之以相应的奖励或惩罚，进一步推动玩家的积极性。针对玩家的举报信息，应及时调查被举报玩家的具体情况，对确实存在问题的玩家做出提醒、警告并扣除相应对局的分数，情节严重者或屡次不改者视情况对其进行不同时长的封号处理；对举报有功的玩家可以给予适当的奖励，如赠送小礼品或授予荣誉称号等。通过奖罚结合的举报制度，让失范、失礼的玩家受到相应的惩罚，让举报者获得一定的奖励，实现游戏中玩家与玩家以及玩家与游戏的双重良性互动。通过完善监督制度和举报制度，并结合大数据技术的精准监测和奖惩政策的实施，可以有效整治网络失范、失礼问题，促进网络环境的和谐与文明。这不仅需要平台方的努力，也需要广大网络用户的共同参与和支持。

### 三、培育理性思维，健全治理机制

以大学生为主要群体的网民进入网络空间就要遵守相应的礼仪要求和规范，构建数字礼仪并加强平台监管，从制度和过程进行正确的规范和引导，属于事前和事中的两个阶段，而治理则处于事后阶段，即对已发生的网络不文明行为和事件的处理和应对。面对这类问题，加强网络礼仪教育，既需要作为行为主体的大学生培育理性思维，同时也需要健全治理机制，建立多元主体参与的责任共同体和治理共同体。

一方面，培育网络行为主体的理性思维，以礼仪的内在精神和外在规范为指导。网络空间中出现的失范、失礼等问题主要聚焦于网络游戏和社交互动中，有学者认为参与网络游戏是玩家与自我、队友、敌人和情境的互动过程，由此产生了柏拉图观念中无实用性却伴随着愉悦感的游戏意义 ①。但长时间的沉浸于此无形之中增加了失范、失礼的发生概率。因而，应培育大学生的理性思维，合理、正确、科学地使用网络。数字时代带来的技术飞速发展为网络空间各项活动的开展提供了极大便利，网络空间已成为大学生群体逃离现实、寻求安慰的虚拟场所。但网络空间并非法外之地，也不是个人情绪宣泄、肆意妄为的场所。作为感性主观冲动、情绪易动的对立面，理性是大学生在网络空间自由游走所必备的基本品质和精神意识。亚里士多德认为人是理性的动物，将理性视作为通往文明、良善、美好生活的基本德性。因而人在做出行为决定时应具备基本判断和理性认知，人与动物相异的根本在于人既可以根据客观事实理性看待所处的环境以及所经历的事件，同时也能理性支配和调整自己的行为，使其言行举止合乎理也合乎礼。此外，还应自觉遵守礼仪的精神和规范。在中国传统社会中，礼仪既是社会生活的秩序规范，也是生活世界价值观的外在表现，而遵从"礼"则是一种统合了的有意义的生活态度 ②。以礼仪的内在精神为指导，培养行为主

① 陆正兰，李俊欣．从"理性的人"到"游戏的人"：游戏的意义理论研究［J］．江西师范大学学报（哲学社会科学版），2020（5）：59-65.

② 张辉．伦理理性化的两个面向："合理性"与"合礼性"［J］．学术交流，2018（3）：121-127.

体内在致思的道德性，将立德落实于现实与虚拟之中。将这种自觉意识和主动性带入到网络生活当中，有意识地将自身的言语和行为置于礼仪文化的道德框架内，运用礼仪文化的内在精神进行自我反省和审思，主动调整和修正不当行为，真正做到知行糅合。同时也要以礼仪的外在规范为参照，注重外化行为的合礼性，将修身贯彻于线上线下。在网络活动中与他人的交流应明确礼仪的界限，将自身的言语和行为约束在礼仪的范围内，并自觉以"非礼勿视，非礼勿听，非礼勿言，非礼勿动"①的社交规范作为参照，将礼仪文本规范转化为网络空间中具体的实践行为。

另一方面，健全网络治理机制，建立多元主体参与的责任共同体和治理共同体。相比于网络暴力，行为失范和失礼则相对较轻，对主体产生的负面影响及社会影响较小。但还是要进一步健全治理机制，为大学生群体营造良好的网络环境。建立多元主体参与的责任共同体，意味着网络空间的治理主体涉及个人、群体、平台、机构等，各方应共同参与网络治理，共同承担网络空间中的责任和义务。每一主体所承担的责任和义务是有差异的，个人和群体应做好自我约束和互相监督，平台和机构应发挥相应的监管作用。此外，还应建立治理共同体，形成协同共治的格局。网络治理是一个复杂的系统工程，需要各方共同努力、协同配合。各部门、各行业之间应加强合作与协调，形成合力，共同应对网络空间中可能出现的风险和挑战。健全网络治理机制是网络空间形成良好风气、各项活动有序发展的重要保障。应采取有力措施，加强多元主体参与和责任共同体的建设，形成协同共治的工作格局，共同维护网络空间的健康秩序，提高网络治理的技术水平，构建网络数字礼仪，加强法律法规建设，完善网络治理的法律体系。

---

① 阮元.十三经注疏［M］.北京：中华书局；1982：2502.

# 第五节　深化自我礼仪教育：提升主体礼仪涵养

"促进自我教育的教育才是真正的教育。"[①]外界因素虽能发挥一定的促进和助推效应，但核心动力源自学生自身的努力。在提升大学生综合素养的过程中，自我礼仪教育至关重要。大学生需以高标准、严要求进行自我审查，确保礼仪观念深入人心，融入精神生活中。在礼仪道德思想的指引下，进一步规范外在行为，使言行举止更加符合礼仪与道义的双重标准，从而展现出更加优雅和文明的形象。

## 一、认知个体差异，增强自觉性与能动性

在事物的发展中，内因通常占据主要地位，成为根本的决定因素，而外因则更多地在行为发生过程中发挥辅助的影响作用。同理，对于大学生的个体塑造而言，内因亦显得至关重要。要想培养大学生成为具有高尚礼仪、优秀品质的独立个体，不仅需要外在和谐环境的积极构建，如礼仪环境的营造和家长榜样的树立，更需要大学生自身积极发挥主观能动性，增强文化自觉，形成对礼仪的正确认知，并自觉强化礼仪文明的意识，从而养成良好的礼仪习惯。对于大学生主体而言，应在正确认知个体差异的基础上，通过自身的努力不断增强自觉性和能动性。

一方面，大学生自身要自觉提高文化自觉性和文化认同感。正如费孝通先生所说："生活在一定文化中的人对其文化有'自知之明'，

---

① 苏霍姆林斯基.少年的教育和自我教育［M］.姜励群，吴福生，张渭城，等译.北京：北京出版社，1984：100.

明白它的来历、形成的过程，所具有的特色和它的发展的趋向。"①
因此，作为在中华大地上成长、深受中华民族精神影响的大学生，
首先要对本民族的文化怀有深厚的自豪感和坚定的自信心。中华文
化源远流长、博大精深，其深厚的历史底蕴和丰富的文化元素，如
理想信念、价值理念、道德观念等，都是当代大学生自我充实和成
长的宝贵财富。大学生应当积极探寻和学习这些文化精髓，不断丰
富自己的文化内涵，提升个人的文化素养。礼仪文化是中华文化的
重要组成部分，大学生应加强对礼仪文化及其内涵精神的了解与认
知，清晰理解礼仪文化的起源、特征、发展脉络、嬗变规律等。礼
仪文化蕴含着丰富的道德智慧和行为准则，对于大学生的成长和发
展具有重要意义。大学生应当通过学习和实践，深入理解礼仪文化
的内涵，形成"一种理性客观、昂扬进取的文化心态"②，从而更好
地弘扬和传承本民族文化。通过这样的努力，大学生不仅能够增强
对本民族文化的认同感，更能够在日常生活中践行礼仪，展现出礼
仪文化的独特魅力和精神风貌。这样的文化自觉和文化传承，不仅
有助于大学生的个人成长和发展，更有助于推动中华文化的繁荣和
进步。

　　另一方面，大学生要充分发挥主观能动性。作为中华礼仪文化
的传播者和实践者，大学生首先需要建立起对自身文化能力的坚定
信念和深切认同，这种信念和认同源于对自身特质和潜能的清晰认
知，以及对自己与同伴间差异性的深刻理解。每个大学生在礼仪素
质和修养方面存在着差异，因此，应当针对个人的实际情况，进行
个性化、合理化的礼仪指导和自我提升。尽管礼仪的规范和要求在
宏观层面上是通用的，但具体到每个人，需要完善和改进的方面却
是不同的。这种基于个体差异的自我礼仪教育，正是实现大学生个

---

① 费孝通.关于"文化自觉"的一些自白[J].学术研究，2003（7）：5-9.
② 武文豪，周向军.新时代坚定文化自信的三重意蕴[J].理论导刊，2020（4）：111-116.

性化引导和全面发展的关键。在自我礼仪教育的过程中，大学生应将礼仪与礼义相结合，深刻领会两者之间的内在联系。"只有内心建立起德的根基，外在的言行规范才符合真正意义上的礼。"①换言之，礼仪不仅仅是表面的规范，更是内心德行的外在体现。因此，大学生在追求礼仪修养的过程中，应当注重内在德行的培养，让礼仪成为自己良好品格的重要指导，从而在中华礼仪文化的传承与实践中发挥更大的作用。

## 二、明辨善恶是非，树立正确价值取向

大学阶段是一个不断进步、不断充实、不断提升的阶段，是知识积累、思维拓展和能力提升的重要时期，对于大学生而言，是一个至关重要的成长节点。这一阶段，大学生应当更加主动地审视现实社会的动态与变迁，将个人的成长与社会的需求紧密结合，不断地自我革新，完善自我，努力在生活实践中形成独立的思考能力和判断力。在面对纷繁复杂的社会现象时，大学生应学会用辩证的眼光去审视，不被外界的喧嚣所左右，坚守自己的价值观和信念。在面临重大抉择时，更应当坚守道德底线，明确是非善恶的界限，避免在价值判断上迷失方向。这种对善恶是非的明辨能力，不仅是个体成熟的重要标志，也是社会进步的重要基石。只有具备了这样的能力，礼的教育才能发挥其应有的价值，引导大学生在塑造良好个人素质的基础上，进一步追求人生的目标、实现人生的价值。因此，培养这种能力是大学教育的核心任务之一，对于大学生的个人成长和社会的进步都具有深远的意义。

一方面，以优秀的礼仪文化思想指导行为实践。礼仪文化蕴含的丰富思想在塑造个体行为方面具有重要指导意义。礼仪文化作为中华优秀传统文化的瑰宝，核心理念如仁爱、敬让、正义、诚信、

---

① 张自慧.礼文化与致和之道［M］.上海：上海人民出版社，2012：5.

和谐等，是大学生在修身养性、塑造品格时不可或缺的精神源泉。尤其是礼仪文化中的义利观，强调以义为先、义利平衡、重义轻利，这不仅成为大学生在面对复杂生活场景时的基本伦理准则，也映射出作为泱泱大国、华夏典范的中国在外交方面一贯秉持的原则。只有坚持公平、正义与和谐的原则，才能与世界各国建立起互联互通、互鉴共赢的外交关系，展现华夏文明的高尚品格和国际风范。同样，大学生在校园生活中，也需坚守这一礼仪文化所蕴含的重要思想。它引导我们在与同学、老师交往中秉持真诚、友善的态度，建立起和谐的人际关系，为未来的人生道路奠定坚实的基础。这样的品格培养，不仅关乎个人的成长，更关系到整个社会的和谐与进步。

另一方面，树立正确的价值取向应充分挖掘社会主义核心价值观的深刻内涵。从宏观来看，核心价值观是"一个民族赖以维系的精神纽带，是一个国家共同的思想道德基础"[①]。二十四字的社会主义核心价值观是当代中国精神的体现，不仅是中华儿女共同的价值追求，更是我们民族精神的凝聚和传承。社会主义核心价值观依次从宏观、中观、微观三个维度展开，涵盖了国家、社会和公民三个层次，从宏观的政治制度引领，到中观的社会风尚塑造，再到微观的公民道德建设，都有所涉及且明确指出了各个层面应有的内容和要求。在积极弘扬社会主流价值观的同时，我们也应认识到，这种价值观体系"有力地限制非主导、非核心的社会价值体系作用的发挥，能够促进社会政治制度、经济制度和文化制度的稳定发展"[②]。对于大学生而言，礼仪文化、传统美德以及社会主义核心价值观是树立正确价值取向的重要参照。这些价值观念不仅能够引导他们明辨是非、区分善恶，还帮助他们形成健康、积极的世界观、价值观和人生观，为他们的个人成长和社会发展奠定坚实的基础。

---

① 中共中央文献研究室．习近平新时代中国特色社会主义思想学习纲要［M］．北京：学习出版社，2019：143．

② 邱国勇．社会主义核心价值观教育研究［D］．武汉：武汉大学，2013：14．

## 三、加强自我审思，排除外部不利因素

大学生群体是国家明日的栋梁人才，承载着国家和人民的深切厚望，他们的成长与发展直接关系到国家的未来和民族的命运。大学生作为社会主义事业的建设者和接班人，他们身上的礼仪素养与道德品质要经得起社会和人民的检验，方能肩负起实现伟大梦想、铸造明日辉煌的历史重任。不同圈层的同辈群体固然提供了一定的引导和帮助，同时也不能忽略同辈群体可能带来的负面影响。为了消除这些负面影响，大学生应加强自我审思，提升自我认知，学会对事物进行深刻剖析，由表及里、由浅入深，不盲目跟从、不人云亦云。通过这样的自我审视和思考，大学生才能更好地认识自己、完善自己，进而在社会主义建设中发挥积极作用，为实现中华民族的伟大复兴贡献自己的力量。

一方面，勤于自我思考，树立远大目标。自我思考作为一种内在驱动力，促使大学生深刻反思自我，寻找并明确个人的长期目标。这些目标为大学生在大学阶段的学业规划以及未来的职业规划提供了明确的方向。大学生在设立目标时，应充分考虑个人兴趣、能力和社会需求，制定既具挑战性又切实可行的礼仪目标和人生目标。一旦确立了目标，大学生便能坚定自己的信念，在纷繁复杂的大学生活中保持自我，不易被圈层内的群体所影响。然而，实现这些目标并非一蹴而就，需要大学生进行长期的知识积累与不懈的努力。学习扎实的理论知识和先进的科学技术，不断拓宽自己的视野和知识面。同时，还要发挥个体的主观创造性和自觉选择性，勇于探索未知领域，培养自己的创新思维和实践能力。在实现目标的过程中，大学生还需克服外界和自身家庭、教育等结构性因素的影响。这些因素可能会对他们的成长产生一定的制约，应通过积极的努力，逐步摆脱这些束缚，实现向上的社会流动。只有这样，大学生才能在不断挑战自我的过程中，实现自我价值。

另一方面，通过设置核心人物消除负面影响。大学生不仅生活在宿舍小集体中，与舍友共同构建了一个紧密的宿舍共同体，还在班级这一更大的集体中，与同学们共同构筑了一个充满活力的班集体。为了在这些集体生活中实现正向的引导与和谐的氛围，可以挑选并培养核心人物，如宿舍的舍长和班级的班长、团支书等。这些核心人物不仅负责将积极、健康的思想观念传递给每一位成员，还在日常生活中发挥着重要的监督与引导功能。他们时刻关注着集体成员的思想动态和行为表现，及时发现并纠正可能存在的偏差，帮助同学们树立正确的价值观，并鼓励同学们进行深入的自我反思和审视。通过发挥这些核心人物的积极作用，不仅能够有效地排除外界对大学生的不良影响，还能够引导大学生形成文明的行为习惯和理性的思维模式。这些核心人物是"群体思想的主要来源者和行为导向者"①，他们的一言一行都深深地影响着集体中的每一位成员，为整个集体的和谐与发展奠定了坚实的基础。

---

① 朱培霞.青少年同辈群体道德影响机制探论［J］.学校党建与思想教育，2012（29）：22-24+27.

# 结　语

大学生礼仪教育要以中华优秀传统礼仪文化为基础，汲取丰厚的养分，并以社会主义核心价值观为依托，深化礼仪教育的价值理念。礼仪文化所蕴含的丰富内涵不仅是公民教育的精神指引，也是个体完善行为、塑造品德的理论依据。在大学生礼仪教育的过程中，要融入传统文化的有益成分，培养大学生对礼仪文化的认同感，提高大学生对礼仪教育的认知，通过课程学习、生活实践强化对礼仪教育的理解，提高大学生明礼、行礼的意识。同时，要让大学生树立自我礼仪的正确认知，对自身的礼仪知识、礼仪行为要有全面的了解，在社会生活中进一步完善自身的品行，激发大学生内在向善、向美的力量。

观照现实，新时代大学生礼仪教育是一个长期且复杂的过程，需要家庭、高校、社会、网络和大学生自身的共同努力，作为实践主体的大学生要发挥一定的文化自觉性和主观能动性，建立良好的内在基础。外因只是推动事物前进的力量，内因才是决定事物发展的根本因素。在充分挖掘中华礼仪文化的基础上，融入时代精神和主流价值观才能实现与时俱进，与现实社会发展同频共振。

在未来的研究中，除了大力挖掘中华优秀传统文化的精神内核外，也需要加强对国外礼仪文化的学习和了解，在把握中西方文化差异的基础上才能更好地理解礼仪文化，更好地传承中华民族的精神食粮。加强文化强国建设，需要加大对中华优秀传统礼仪文化的传承与弘扬力度，才能使得作为源头活水的中华优秀传统文化保有新鲜的时代价值。

# 参考文献

## 一、著作类

［1］中共中央马克思恩格斯列宁斯大林著作编译局．马克思恩格斯文集：第 2 卷［M］．北京：人民出版社，2009.

［2］中共中央文献研究室．毛泽东选集：1-4 卷［M］．北京：人民出版社，1991.

［3］中共中央文献研究室．邓小平文选：1-3 卷［M］．北京：人民出版社，1993，1994.

［4］习近平．习近平谈治国理政［M］．北京：外文出版社，2014.

［5］习近平．习近平谈治国理政：第二卷［M］．北京：外文出版社，2017.

［6］习近平．习近平谈治国理政：第三卷［M］．北京：外文出版社，2020.

［7］中共中央文献编辑委员会．习近平著作选读：第 1 卷［M］．北京：人民出版社，2023.

［8］中共中央文献研究室编．习近平关于全面建成小康社会论述摘编［M］．北京：中央文献出版社，2016.

［9］中共中央文献研究室．习近平新时代中国特色社会主义思想学习纲要［M］．北京：学习出版社，2019.

［10］习近平.决胜全面建成小康社会 夺取新时代中国特色社会主义伟大胜利：在中国共产党第十九次全国代表大会上的报告［M］.北京：人民出版社，2017.

［11］习近平.高举中国特色社会主义伟大旗帜 为全面建设社会主义现代化国家而团结奋斗：在中国共产党第二十次全国代表大会上的报告［M］.北京：人民出版社，2022.

［12］习近平.在哲学社会科学工作座谈会上的讲话［M］.北京：人民出版社，2016.

［13］习近平.论党的青年工作［M］.北京：中央文献出版社，2022.

［14］《党的十九届四中全会〈决定〉学习辅导百问》编写组.党的十九届四中全会《决定》学习辅导百问［M］.北京：学习出版社，2019.

［15］《习近平与大学生朋友们》编写组.习近平与大学生朋友们［M］.北京：中国青年出版社，2020.

［16］汤可敬.说文解字今释：增订本［M］.上海：上海古籍出版社，2018.

［17］杨倞.荀子［M］.上海：上海古籍出版社，2014.

［18］荀子.荀子新注［M］.北京：中华书局，1979.

［19］阮元.十三经注疏［M］.北京：中华书局，1980.

［20］朱熹.论语 大学 中庸［M］.上海：上海古籍出版社，2013.

［21］左丘明.国语·郑语［M］.上海：上海古籍出版社，2015.

［22］冯友兰.中国哲学史新编：第1册［M］.北京：人民出版社，1982.

［23］梁漱溟.中国文化要义［M］.上海：上海人民出版社，2018.

［24］梁漱溟.中国文化要义［M］.上海：上海人民出版社，2003.

［25］钱穆.论语新解［M］.北京：九州出版社，2011.

［26］杨伯峻.春秋左传注［M］.北京：中华书局，1981.

［27］衣俊卿.现代化与日常生活批判［M］.北京：人民出版社，2005.

［28］樊浩.中国伦理精神的历史建构［M］.南京：江苏人民出版社，1992.

［29］彭林.中国礼仪要义［M］.南京：南京大学出版社，2014.

［30］邹昌林.中国礼文化［M］.北京：社会科学文献出版社，2000.

［31］费孝通.乡土中国［M］.北京：人民出版社，2015.

［32］金耀基.从传统到现代［M］.北京：中国人民大学出版社，1999.

［33］金盛华.社会心理学：第2版［M］.北京：高等教育出版社，2005.

［34］李建民.人力资本通论［M］.上海：上海三联书店，1999.

［35］宁维卫.大学生发展与健康心理学［M］.成都：西南交通大学出版社，2009.

［36］陈万柏，张耀灿.思想政治教育学原理：第三版［M］.北京：高等教育出版社，2015.

［37］李杰，陈超美.CiteSpace：科技文本挖掘及可视化［M］.北京：首都经济贸易大学出版社，2016.

［38］郭瑞民.中国的礼仪文化［M］.芜湖：安徽师范大学出版社，2012.

［39］蒋璟萍.礼仪教程［M］.北京：清华大学出版社，2021.

［40］金正昆.大学生礼仪：微课版：5 版［M］.北京：中国人民大学出版社，2023.

［41］李容芳.当代大学生德育教程［M］.昆明：云南科技出版社，2012.

［42］邓伟志.社会学辞典［M］.上海：上海辞书出版社，2009.

［43］张焕庭.西方资产阶级教育论著选［M］.北京：人民教育出版社，1979.

［44］曹建墩.中国的祭礼［M］.南京：南京大学出版社，2014.

［45］胡孝红，陈运普.大学生礼仪修养［M］.厦门：厦门大学出版社，2017.

［46］袁贵仁.价值观的理论与实践：价值观若干问题的思考［M］.北京：北京师范大学出版社，2006.

［47］潘纬，玛雅.聚焦当代中国价值观［M］.北京：生活·读书·新知三联书店，2008.

［48］马小红.礼与法［M］.北京：经济管理出版社，1997.

［49］李培林，陈光金，张翼.2019 年中国社会形势分析与预测［M］.北京：社会科学文献出版社，2019.

［50］刘京林，等.传播中的心理效应解析［M］.北京：中国传媒大学出版社，2009.

［51］胡林英.道德内化论［M］.北京：社会科学文献出版社，2007.

［52］冯刚，王树荫.思想政治教育研究热点年度发布［M］.北京：团结出版社，2019.

［53］陆有玲.皮亚杰理论与道德教育［M］.北京：北京大学出版社，2012.

［54］徐兰宾，刘汉一.社会思潮与青年教育［M］.南昌：江

西人民出版社，2013.

　　［55］常素芳.马克思主义基本原理运用与高校思想政治理论课教学［M］.北京：中央编译出版社，2019.

　　［56］葛晨虹.中国礼仪文化［M］.北京：经济科学出版社，2001.

　　［57］张自慧.礼文化与致和之道［M］.上海：上海人民出版社，2012.

　　［58］希尔斯.论传统［M］.傅铿，吕乐，译.上海：上海世纪出版集团，2009.

　　［59］哈贝马斯.交往行动理论：行为合理性与社会合理化［M］.曹卫东，译.上海：上海人民出版社，2004.

　　［60］洛克.教育漫话［M］.杨汉麟，译.北京：人民教育出版社，2005.

　　［61］ERASMUS，DESIDERIUS.A Declamation on the Subject of Early Liberal Education for Children［C］//Sowards，J. ed. Collected Works of Erasmus（Vol.26）.Toronto：University of Toronto press，1985.

　　［62］曼海姆.重建时代的人与社会：现代社会结构研究［M］.张旅平，译.北京：北京联合出版公司，2013.

　　［63］史华兹.古代中国的思想世界［M］.程钢，译.南京：江苏人民出版社，2014.

　　［64］本尼迪克特.文化模式［M］.王炜，译.北京：社会科学文献出版社，2009.

　　［65］史怀特.文明与伦理［M］.孙林，译.贵阳：贵州人民出版社，2018.

　　［66］BOUSFIELD. Impoliteness in Interaction［M］. Amsterdam：John Benjamins Publishing Company，2008.

　　［67］赫伊津哈.游戏的人：文化中游戏成分的研究［M］.何

道宽，译．广州：花城出版社，2007.

［68］格尔茨．文化的解释［M］．纳日碧力戈，等，译．上海：上海人民出版社，1999.

［69］苏霍姆林斯基．少年的教育和自我教育［M］．姜励群，吴福生，张渭城，等译．北京：北京出版社，1984.

## 二、期刊类

### （一）中文期刊

［1］傅琼，汤媛．礼仪文化与公共秩序的建构［J］．长白学刊，2020（1）.

［2］傅琼，吴其佑．"明礼"与"崇德"的当下价值［J］．学校党建与思想教育，2020（3）.

［3］傅琼，汤媛．裂变与重构：礼仪文化建设与乡村社会治理研究［J］．江西社会科学，2020（10）.

［4］程晗．《中小学文明礼仪教育指导纲要》解读［J］．中小学德育，2011（3）：17—21.

［5］上官莉娜，黄强．比较思想政治教育研究 20 年回溯及展望：基于 4 本期刊 CiteSpace 的共词分析［J］．思想教育研究，2016（1）.

［6］郭昭，郝保权．党的建设的研究脉络及趋势展望：基于知识图谱下 Citespace 的可视化分析［J］．西南民族大学学报（人文社会科学版），2022（2）.

［7］郭砚博，郭昭，蒲瑶，等．"中华民族共同体意识"知识图谱分析［J］．科学决策，2021（6）.

［8］路琴．礼仪教育的传统意蕴及其现代价值［J］．闽江学院学报，2009（4）.

［9］李树青，国金平．礼仪教育的地位及其作用［J］．中学政

治教学参考, 2012（9）.

　　［10］梁巍，刘毅.宋代蒙学阶段礼仪教育的现代特征及其意义［J］.大众文艺（理论），2009（6）.

　　［11］李凯旋.礼仪教育在大学教育的意义与实践［J］.智库时代，2019（52）.

　　［12］曹瑛.礼仪教育在大学生思想道德教育中的地位和作用［J］.湖南商学院学报，2007（1）.

　　［13］林丽楠.礼仪教育及其对大学生道德意识的完善［J］.教育理论与实践，2012（33）.

　　［14］穆廷云.对当代大学生礼仪教育现状的分析与思考［J］.边疆经济与文化，2009（8）.

　　［15］陆文泽，王静.大学生礼仪教育的现状及对策研究［J］.卫生职业教育，2009（8）.

　　［16］田静萍，窦存增.关于当代大学生礼仪教育的调查与思考［J］.和田师范专科学校学报，2010（4）.

　　［17］李瑜.新时期大学生礼仪教育存在的问题及应对策略探究［J］.教育现代化，2019（29）.

　　［18］伦丽青.开展大学生礼仪教育的有效途径［J］.东莞理工学院学报，2012（2）.

　　［19］马学敏.大学生礼仪教育路径探讨［J］.唐山学院学报，2013（1）.

　　［20］竭红云.大学生礼仪教育新路径［J］.河北大学学报（哲学社会科学版），2015（6）.

　　［21］文智辉.大学生礼仪教育的功能认知、实施原则与行动路径［J］.湖南广播电视大学学报，2019（4）.

　　［22］陈婉兰.论大学生礼仪教育的当代价值与提升对策［J］.科教文汇（中旬刊），2021（29）.

　　［23］曹书芳，李霞.体育礼仪教育融入思政教育的路径研究

［J］.浙江工贸职业技术学院学报，2021（1）.

［24］于君.高校体育礼仪教育初探［J］.中国多媒体与网络教学学报（中旬刊），2020（11）.

［25］张兴玲.高校体育礼仪教育的功能及其实施途径［J］.学理论，2010（9）.

［26］邹超，谭笑，吕建芳，等.护理礼仪教育初探［J］.商业文化（学术版），2008（12）.

［27］胡敏.探讨护理礼仪教育［J］.科技信息，2011（10）.

［28］王海娟.护理礼仪教育融入护理专业的教学改革研究［J］.教育观察，2020（26）.

［29］朱丽.如何将护理礼仪教育渗透到教学改革实践中［J］.电大理工，2015（4）.

［30］蒋含真.高职院校学生职业礼仪教育：现状、问题与策略［J］.职教通讯，2014（23）.

［31］袁溧.安徽高职学生职业礼仪教育现状实证分析［J］.淮海工学院学报（人文社会科学版），2012（13）.

［32］林丽萍，梁宇.加强中职院校学生职业礼仪教育的探讨［J］.职业，2012（30）.

［33］包萍.师范生教师职业礼仪教育中的隐性知识及其流转［J］.现代教育管理，2009（4）.

［34］蒋璟萍.加强大学生职业礼仪教育的思考［J］.中国高教研究，2008（9）.

［35］田贤国.大学生职业礼仪教育探析［J］.漯河职业技术学院学报，2011（6）.

［36］邓雪莉.从金融职业礼仪教育谈高职高专金融专业学生职业精神养成［J］.山西财政税务专科学校学报，2015（5）.

［37］彭庆丽.法学专业的法律职业礼仪教育探讨［J］.玉林师范学院学报，2013（6）.

［38］王兴莲.对大学生公关礼仪教育的思考［J］.四川警官高等专科学校学报，2007（2）.

［39］刘丹丹.当代大学生公关礼仪教育浅析［J］.才智，2016（35）.

［40］欧阳润平.关于成人公关礼仪教育的探讨［J］.湖南教育学院学报，1995（3）.

［41］李凤玉.中职公关礼仪教育现状分析与研究［J］.科教导刊（中旬刊），2014（20）.

［42］林艳艳.对高职院校开展公关礼仪教育的思考［J］.科技信息，2009（33）.

［43］龙玲玲.试析高职院校开展公关礼仪教育的思考［J］.现代职业教育，2019（8）.

［44］郭秀平.浅谈公关礼仪教育与素质教育［J］.内蒙古师范大学学报（教育科学版），2007（S1）.

［45］韦维.谈高职公关礼仪教育与学生素质教育［J］.中国林业教育，2004（4）.

［46］赛来西·阿不都拉，张兰欣.公关礼仪教育与大学生综合素质优化之探讨［J］.桂林电子工业学院学报，2005（4）.

［47］毕诚.儒家文化与礼仪教育［J］.中国德育，2008（2）.

［48］罗晓林."三礼"中寻找中国传统礼仪教育的成功经验及其对现代教育的启示［J］.当代教育理论与实践，2011（5）.

［49］罗晓林.《礼记》中的传统礼仪教育方法及其现代价值［J］.湖南师范大学教育科学学报，2011（3）.

［50］李滢，郭海峰，王军.从荀子的教育思想看我国高校礼仪教育［J］.铜仁学院学报，2011（4）.

［51］林子露.高校德育教育载体的有效途径：礼仪教育［J］.商业文化（学术版），2009（8）.

［52］舒丹.礼仪教育在高校德育中的渗透［J］.当代教育论坛

（上半月刊），2009（8）.

［53］邓剑华，陈万阳.德育视阈下的礼仪教育［J］.教育探索，2009（3）.

［54］干晓虹.礼仪教育与道德教育的契合［J］.广西青年干部学院学报，2007（6）.

［55］侯伟，贾龙，秦拓.文明礼仪教育是大学生思想政治教育的起点［J］.山东教育学院学报，2009（4）.

［56］袁林鹏.礼仪教育：高校思想政治工作的切入点［J］.当代青年研究，2009（1）.

［57］乔桂萍.思政教育与礼仪教育融合探究［J］.中学政治教学参考，2021（39）.

［58］孙育.大学生礼仪教育与思想政治教育结合的途径研究［J］.佳木斯职业学院学报，2020（6）.

［59］肖光华.洛克的礼仪教育思想及其现实意义［J］.河北师范大学学报（教育科学版），2008（4）.

［60］孙继新.韩国礼仪教育对中国大学礼仪教育的启示［J］.延边大学学报（社会科学版），2010（4）.

［61］王华.东西方礼仪教育的特点及启示［J］.黑龙江高教研究，2007（11）.

［62］王贺兰.东西方国家礼仪教育的不同特点及借鉴［J］.教学与管理，2010（17）.

［63］林瑶.东西方国家礼仪教育的成功经验及借鉴［J］.东北电力大学学报，2012（1）.

［64］李海舰，杜爽.发展不平衡问题和发展不充分问题研究［J］.中共中央党校（国家行政学院）学报，2022（5）.

［65］丁洁琼，刘云杉.中国高等教育70年：大学生角色的演变［J］.北京教育（高教），2019（10）.

［66］胡金木.学校礼仪教育的内在理路及实践要求［J］.教育

科学，2018（5）.

［67］蒋璟萍.礼仪的伦理视角［J］.船山学刊，2007（4）.

［68］蒋璟萍.东西方礼仪教育之比较［J］.湘潭大学学报（哲学社会科学版），2006（5）.

［69］蒋璟萍.礼仪文化学的学科性质和体系初探［J］.大学教育科学，2013（3）.

［70］蒋璟萍，袁媛淑.论礼仪文化促进社会治理创新的机理和路径［J］.湘潭大学学报（哲学社会科学版），2015（6）.

［71］蒋璟萍.我国礼仪研究的回顾与展望［J］.湖南商学院学报，2005（3）.

［72］蒋璟萍.和谐社会视野的公民礼仪素质教育［J］.河南社会科学，2009（3）.

［73］楚丽霞.论传统礼仪的当代价值［J］.理论月刊，2008（10）.

［74］龚展，鸟画.基于社会控制视角的当代礼仪建设研究［J］.求索，2013（3）.

［75］段尔煜，张光雄.核心价值观视域下现代礼仪之构建［J］.吉首大学学报（社会科学版），2019（4）.

［76］陈明富.社会礼仪与汉语词汇关系刍议［J］.科学经济社会，2013（3）.

［77］涂可国.儒家诚信伦理及其价值观意蕴［J］.齐鲁学刊，2014（3）.

［78］米华全，申小蓉.习近平传统文化观的三维解读［J］.毛泽东思想研究，2017（1）.

［79］晏玉荣.节制德性视域下荀子的"礼""欲"之辨［J］.河南社会科学，2015（2）.

［80］彭彦华.君子人格的诠释及其现实价值［J］.孔子研究，2019（3）.

［81］毕天云. 礼：社会运行的基本规范［J］. 福建论坛（人文社会科学版），2018（4）.

［82］尹璐，于伟."教而为人"：伊拉斯谟儿童礼仪教育思想管锥［J］. 教育学报，2018（3）.

［83］张自慧. 论"明礼"与"有德"：《公民道德建设实施纲要》颁行十周年的思考［J］. 思想理论教育，2011（23）.

［84］王丹. 传统节日研究的三个维度：基于文化记忆理论的视角［J］. 中国人民大学学报，2020（1）.

［85］萧放，贺少雅. 伦理：中国成人礼的核心概念［J］. 西北民族研究，2017（2）.

［86］彭林. 儒家人生礼仪中的教化意涵［J］. 广西大学学报（哲学社会科学版），2017（2）.

［87］李钰清. 论家庭礼仪教育与青少年道德修养［J］. 中国劳动关系学院学报，2010（4）.

［88］叶飞. 当代道德教育的三重理性向度：兼论如何培育理性的道德人［J］. 南京社会科学，2019（7）.

［89］金正昆. 孔子之"礼"新探［J］. 江西社会科学，2017（5）.

［90］隋思喜. 论儒家的礼乐文化及其当代重光［J］. 华中科技大学学报（社会科学版），2019（4）.

［91］陈来. 儒家"礼"的观念与现代世界［J］. 孔子研究，2001（1）.

［92］陈少雷. 文化转型与价值建构：问题、视角与路径［J］. 北京联合大学学报（人文社会科学版），2019（3）.

［93］武薇."修己安人"：大学之道的古意探寻［J］. 社会科学战线，2012（7）.

［94］庞申伟，段丽. 试析习近平关于时代新人重要论述的创造性贡献［J］. 中国教育学刊，2024（3）.

［95］李旭娟，王强. 新时代好青年的基本特征与培养路径［J］.

人民论坛，2024（9）.

［96］刘韶军.孔子学习思想的内涵及意义［J］.江苏科技大学学报（社会科学版），2018（3）.

［97］彭俊桦.儒家传统价值观的当代价值及其传承体系探析［J］.社会科学家，2014（4）.

［98］姜广辉.先秦礼学综论［J］.社会科学战线，2017（10）.

［99］杨丹.中华传统礼仪与构建和谐社会之关系辨析［J］.武汉大学学报（哲学社会科学版），2013（3）.

［100］易小明.文化软实力的"硬核"［J］.吉首大学学报（社会科学版），2018（4）.

［101］游森.从德性身体到伦理秩序：由儒家工夫论开启公共伦理生活［J］.天府新论，2022（5）.

［102］董晨宇，丁依然，王乐宾.一起"开黑"：游戏社交中的关系破冰、情感仪式与媒介转移［J］.福建师范大学学报（哲学社会科学版），2022（2）.

［103］张铁云，张昆.作为非理性的偏见何以可能：理性主义的偏好及其对西方跨文化传播的影响［J］.中州学刊，2022（8）.

［104］陈延斌.中华传统家礼文化及其时代价值［J］.伦理学研究，2024（2）.

［105］陈延斌，王伟.传统家礼文化：载体、地位与价值［J］.道德与文明，2020（1）.

［106］王玟瑶.中国式现代化视域下人的现代化思想道德素质提升探析［J］.思想政治教育研究，2023（5）.

［107］高文苗.构建家庭、学校与社会联动的德育体系［J］.人民论坛，2019（18）.

［108］梅萍，吴佳珍.困境与破解：新时代弘扬英雄精神的现状审视与路径探索［J］.河南工业大学学报（社会科学版），2023（1）.

［109］胡玉宁.剧本杀：青年浸入游戏叙事的认知图式及其文

化嵌入［J］.中国青年研究，2022（9）.

［110］杨月荣，郝文斌."00后"大学生受网络亚文化影响情况分析［J］.思想理论教育导刊，2021（4）.

［111］匡文波，姜泽玮.人工智能时代网络空间治理的框架与路径［J］.中国编辑，2023（9）.

［112］费孝通.反思·对话·文化自觉［J］.北京大学学报（哲学社会科学版），1997（3）.

［113］费孝通.关于"文化自觉"的一些自白［J］.学术研究，2003（7）.

［114］朱博，朱翠明.透视青年"圈层化"文化现象［J］.人民论坛，2023（19）.

［115］周洪宇，范青青.家庭教育是人生奠基性教育［J］.河北师范大学学报（教育科学版），2019（2）.

［116］容中逵.当前我国传统文化传承的三种教育误识［J］.湖南师范大学教育科学学报，2010（2）.

［117］李梅.中华传统礼仪的演进轨迹与现代转型［J］.山东社会科学，2020（5）.

［118］胡金木.学校礼仪教育的内在理路及实践要求［J］.教育科学，2018（5）.

［119］曾媛.创新扩散理论视域下的童谣传播：以央视少儿频道《草坪亲子音乐会》为例［J］.传媒，2024（12）.

［120］袁媛淑，蒋璟萍.论礼仪文化的隐性社会控制功能及其实现路径［J］.湖南大学学报（社会科学版），2013（6）.

［121］千莹花，金美花，朴光赫.大学生网络礼仪现状分析及对策建议［J］.计算机光盘软件与应用，2012（5）.

［122］卫欣.网络礼仪的历史脉络与学术视野［J］.新闻爱好者，2023（4）.

［123］陆正兰，李俊欣.从"理性的人"到"游戏的人"：游

戏的意义理论研究［J］.江西师范大学学报（哲学社会科学版），2020（5）.

［124］张辉.伦理理性化的两个面向："合理性"与"合礼性"［J］.学术交流，2018（3）.

［125］武文豪，周向军.新时代坚定文化自信的三重意蕴［J］.理论导刊，2020（4）.

［126］朱培霞.青少年同辈群体道德影响机制探论［J］.学校党建与思想教育，2012（29）.

（二）外文期刊

［1］ZHAO L，WAN L，WANG L，et al.A Study on the Value of Integrating the Confucian Ritual Education Thought and Modern Etiquette into College Students' Etiquette Education［J］.*Journal of Research in Vocational Education*，2022，4（5）.

［2］WEI W，XIANG M N.On the Basic Role in Etiquette Education to Enhance Cultural Confidence［J］.*Advances in Educational Technology and Psychology*，2022，6（11）.

［3］Akhwani A.Strategy of digital etiquette education of elementary school students［J］.International Journal of New Developments in Education，2019，3（2）.

## 三、学位论文

［1］张海云.大学生明礼意识养成教育研究［D］.济南：山东师范大学，2017.

［2］陆雯.当代大学生礼仪践行现状及其培育对策［D］.南京：南京师范大学，2018.

［3］范丽辉.大学生礼仪修养缺失问题及对策研究［D］.重庆：西南大学，2015.

［4］刘洪洪.大学生礼仪现状及教育策略探析［D］.长春：吉林大学，2016.

［5］涂淑.基于中华优秀传统礼文化的大学生文明礼仪教育研究［D］.漳州：闽南师范大学，2017.

［6］臧义光.当代大学生礼仪教育研究［D］.大连：辽宁师范大学，2012.

［7］邱国勇.社会主义核心价值观教育研究［D］.武汉：武汉大学，2013.

## 四、报纸类

［1］中共中央国务院.新时代公民道德建设实施纲要［N］.人民日报，2019-10-28（1）.

［2］中共十九届五中全会在京举行［N］.人民日报，2020-10-30（1）.

［3］习近平.在纪念孔子诞辰 2565 周年国际学术研讨会暨国际儒学联合会第五届会员大会开幕会上的讲话［N］.人民日报，2014-09-25（2）.

［4］中共中央.公民道德建设实施纲要［N］.新华每日电讯，2001-10-25（1）.

［5］中共中央国务院.新时代公民道德建设实施纲要［N］.人民日报，2019-10-28（1）.

［6］习近平.在庆祝中国共产党成立 95 周年大会上的讲话［N］.人民日报，2016-07-02（2）.

## 五、其他

［1］ BALAHUR A. Sentiment analysis in social media texts ［C］.*Proceedings of the 4th workshop on computational approaches to subjectivity*，2013.

# 附录 新时代大学生礼仪教育现状调查问卷

亲爱的同学：

　　您好！本问卷是为了了解当前大学生礼仪教育的现实情况而设计的一系列问题。问卷数据内容仅作学术研究使用，问卷采用匿名形式，请您放心填写。为确保研究的真实性和科学性，请您如实填写。感谢您的参与和支持！

## 第一部分 基本情况

　　1. 性别：

　　A. 男　　　　B. 女

　　2. 您的年级：

　　A. 大一　　B. 大二　　C. 大三　　D. 大四

　　3、您的户口：

　　A. 城市　　　B. 农村

　　4. 您平时和谁一起生活？

　　A. 父母　　B. 祖父母 / 外祖父母　　C. 亲戚

　　D. 父母和祖父母 / 外祖父母

　　5. 在生活和学习中，您是否接触过礼仪教育的专门学习？

　　A. 有　　　　B. 没有

6. 如果有平台可以提供礼仪教育的专业学习，您是否愿意参加？

A. 愿意　　B. 不愿意

## 第二部分　礼仪教育现状

7. 您是否知道或学习过与"礼仪"相关的知识？

A. 是　　　B. 否

8. 您对我国《周礼》《仪礼》《礼记》等礼仪经典著作了解吗？

A. 非常了解 B. 较为了解 C. 一般 D. 不了解 E. 完全不了解

9. 对于我国的传统节日，您了解吗？

A. 非常了解 B. 较为了解 C. 一般 D. 不了解 E. 完全不了解

10. 对于春节除旧布新、拜神祭祖的仪式，您了解吗？

A. 非常了解 B. 较为了解 C. 一般 D. 不了解 E. 完全不了解

11. 对于清明节踏青扫墓、祭拜亡者的礼节，您了解吗？

A. 非常了解 B. 较为了解 C. 一般 D. 不了解 E. 完全不了解

12. 对于端午节扒龙舟、食粽的礼俗，您了解吗？

A. 非常了解 B. 较为了解 C. 一般 D. 不了解 E. 完全不了解

13. 对于中秋节祭月赏月、吃月饼的民俗，您了解吗？

A. 非常了解 B. 较为了解 C. 一般 D. 不了解 E. 完全不了解

14. 对于学校举办成人礼以表达孩子长大成人的美好祝愿，您的看法是？

A. 非常必要 B. 较为必要 C. 一般 D. 不必要 E. 完全不必要

15. 有人认为现代婚礼在传统婚礼的基础上有所简化和创新，您的看法是？

A. 非常同意 B. 较为同意 C. 一般 D. 不同意 E. 完全不同意

16. 有人认为现代丧礼较传统丧礼有所删减且重物质、排场，您的看法是？

A. 非常同意 B. 较为同意 C. 一般 D. 不同意 E. 完全不同意

17. 有人认为传统祭礼太复杂，只要心诚，其他可以简化。您的看法是？

A. 非常同意 B. 较为同意 C. 一般 D. 不同意 E. 完全不同意

18. 您在家中如何称呼父母？

A. 直呼其名 B. 使用昵称 C. 爸爸 / 妈妈 D. 喂、哎

19. 您在家中如何孝敬父母长辈？

A. 听从教诲 B. 经常问候 C. 关心身体 D. 多做事情

20. 您在家中会与其他家庭成员交流、沟通吗？

A. 经常 B. 偶尔 C. 很少 D. 从不

21. 家中有客人来访，您通常怎么做？

A. 主动接待，热情招呼 B. 问好后做自己的事情

C. 躲起来不见面 D. 当作不知道，继续做自己的事情

22. 家中有客人来访，您通常如何着装？

A. 穿着睡衣，未加修饰 B. 适当化妆，衣着得体

C. 面带浓妆，服饰艳丽 D. 奇怪妆容，混搭风格

23. 您外出和返回时会告知父母、长辈吗？

A. 经常 B. 偶尔 C. 很少 D. 从不

24. 您外出和返回时会与父母、长辈分享所见所闻吗？

A. 经常 B. 偶尔 C. 很少 D. 从不

25. 在学校上课，您会迟到早退吗？

A. 经常 B. 偶尔 C. 很少 D. 从不

26. 在学校里遇到师长、同学，您通常怎么做？

A. 主动打招呼问好 B. 假装没看见 C. 低头玩手机 D. 绕道而行

27. 在听讲座、报告会等，您通常怎么安排？

A. 提前到达 B. 准时进入 C. 迟到从后门进入 D. 迟到且不进去

28. 在宿舍生活中，您如何保持宿舍礼仪？

A. 同学之间互助、友爱和谦让

B. 严于律己，宽以待人

C. 接受善意的批评和建议

D. 积极营造团结和谐的宿舍氛围

29. 在食堂就餐时，您通常怎么做？

A. 文明有序、礼貌排队 B. 不按规定、随意插队

C. 请同学帮忙占位置 D. 看心情是否排队或插队

## 第三部分 影响因素分析

30. 以下多重因素中，请您按重要程度选择：（打勾）

| 维度 | 选项 | 非常<br>重要 | 比较<br>重要 | 一般 | 不太<br>重要 | 完全<br>不重要 |
|---|---|---|---|---|---|---|
| 家庭 | a. 家训家风家礼的教育 | | | | | |
| | b. 家长的综合素质 | | | | | |
| | c. 家庭的教育能力 | | | | | |
| 高校 | d. 高校的重视程度 | | | | | |
| | e. 教师的礼仪涵养 | | | | | |
| | f. 高校的课程设置 | | | | | |
| 社会 | g. 社会的思想和风气 | | | | | |
| | h. 社会的礼仪氛围 | | | | | |
| | i. 礼仪的弘扬渠道 | | | | | |
| 网络 | j. 网络礼仪体系 | | | | | |
| | k. 网络平台监管 | | | | | |
| | l. 网络治理效果 | | | | | |
| 自身 | m. 文化自觉性和主观<br>能动性 | | | | | |
| | n. 价值取向 | | | | | |
| | o. 朋辈群体 | | | | | |

31. 您从哪些途径了解、学习与礼仪教育相关的知识？（多选）

A. 电视广播 B. 网络媒体 C. 微博、微信、公众号 D. 相关课程 E. 实

践活动 F. 查阅书籍 G. 其他（请注明）

32. 在成长过程中，您的家人比较注重哪一方面？

A. 学习成绩 B. 礼仪素质 C. 道德品质 D. 兴趣爱好

33. 在家庭中，您的父母长辈会经常讲述与礼仪教育相关的故事或事迹吗？

A. 经常 B. 偶尔 C. 很少 D. 没有

34. 您所在高校或院系开设过与礼仪教育相关的课程吗？

A. 开过专业课程 B. 开过选修课程 C. 没开过 D. 不清楚

35. 您所在高校或院系开展过与礼仪教育相关的讲座或活动吗？

A. 经常 B. 偶尔 C. 很少 D. 不清楚

36. 您认为当前社会有关礼仪教育的建设如何？

A. 非常好，宣传很到位

B. 还可以，能看见宣传标语

C. 一般，偶尔举行活动

D. 不太好，几乎没有关注

37. 您认为社会关于礼仪教育的弘扬渠道如何？

A. 多渠道，弘扬得非常好

B. 渠道足够，但需要进一步拓宽

C. 渠道较窄，不利于传承

D. 单一渠道，弘扬力度不够

38. 您认为有必要开展网络礼仪教育吗？

A. 非常必要 B. 比较必要 C. 一般 D. 不太必要 E. 完全没必要

39. 您认为当前网络礼仪教育如何？

A. 非常好 B. 比较好 C. 一般 D. 不太好 E. 完全不好

40. 您认为自我礼仪教育的重要性如何？

A. 非常重要 B. 比较重要 C. 一般 D. 不太重要 E. 完全不重要

41. 您认为自我礼仪教育的效果如何？

A. 非常有效 B. 比较有效 C. 一般 D. 不太有效 E. 完全没效果

### 第四部分 路径探索

42. 您认为改善大学生礼仪教育的现状，家庭需要做哪些努力？（多选）

A. 注重引导教育 B. 鼓励参加活动 C. 完善自身素养 D. 结合具体事迹 E. 多渠道弘扬 F. 其他（请注明）

43. 您认为改善大学生礼仪教育的现状，高校需要做哪些努力？（多选）

A. 加大重视程度 B. 开设相关课程 C. 完善教师队伍 D. 开展系列活动 E. 营造良好环境 F. 其他（请注明）

44. 您认为改善大学生礼仪教育的现状，社会需要做哪些努力？（多选）

A. 注重氛围营造 B. 树立典型榜样 C. 加强环境建设 D. 结合媒体宣传 E. 举办大型活动 F. 其他（请注明）

45. 您认为改善大学生礼仪教育的现状，在网络上需要做出哪些努力？（多选）

A. 构建网络礼仪体系 B. 明确网络礼仪规范 C. 加大惩罚力度 D. 加强监管力度 E. 净化网络风气 F. 其他（请注明）

46. 您认为改善大学生礼仪教育的现状，大学生自身需要做出哪些努力？（多选）

A. 增强自觉性和能动性 B. 树立正确礼仪观念 C. 加强自我教育 D. 加强自我反思 E. 构建良好的人际关系 F. 其他（请注明）

47. 您认为大学生学习礼仪的最好方式是？（多选）

A. 日常教育 B. 实践参与 C. 媒体宣传（网络、电视、报纸等）D. 举办活动 E. 出版书籍 F. 其他（请注明）

48. 您认为礼仪对个人而言有哪些作用？（多选）

A. 有助于求学、求偶、求职 B. 可以丰富内涵、提高修养 C. 规范人的言行举止 D. 构建良好的人际关系 E. 提升人格魅力、维持个

人形象 F. 其他（请注明）

　　49. 要改善当前大学生礼仪教育的现状，您认为还需要从哪些方面努力？